Klaus Degenhardt

***

Das neue GmbH-Recht ab 2008

www.salzwasserverlag.de/recht

Degenhardt, Klaus

Das neue GmbH-Recht ab 2008

1. Auflage 2007

Bearbeitungsstand: Juni 2007

ISBN-13: 978-3-86741-084-7

Nachdruck, auch auszugsweise, nur mit schriftlicher Genehmigung des Verlags

© CT Salzwasser-Verlag GmbH & Co. KG, Bremen/Hamburg, 2003-2007 (www.salzwasserverlag.de)

Dieser Titel unterliegt dem Gesetz zur Regelung der Preisbindung von Verlagserzeugnissen (BGBl. I Nr. 63 vom 5. September 2002)

Die Deutsche Bibliothek verzeichnet diesen Titel in der Deutschen Nationalbibliografie. Bibliografische Daten sind unter http://dnb.ddb.de verfügbar.

Salzwasser Verlag

Inhaltsverzeichnis

I.	**Das GmbH-Recht im Wandel**	6
II.	**Überblick über die 2008 zu erwartenden Rechtsänderungen**	9
1.	Erleichterung der Kapitalaufbringung und Übertragung von Geschäftsanteilen	9
2.	Beschleunigung der Registereintragung	10
3.	Verlegung des Verwaltungssitzes ins Ausland	10
4.	Mehr Transparenz bei Gesellschaftsanteilen	11
5.	Gutgläubiger Erwerb von Gesellschaftsanteilen	11
6.	Sicherung des Cash-Pooling	11
7.	Deregulierung des Eigenkapitalersatzrechts	11
8.	Bekämpfung von Missbräuchen	12
III.	**Das neue GmbH-Recht im Zusammenhang**	14
1.	Juristische Personen	14
2.	Alternativen zur GmbH	18
2.1.	Natürliche Person als Unternehmer	19
2.2.	Personenhandelsgesellschaften (KG, oHG)	19
2.3.	GbR mit beschränkter Haftung	20
2.4.	Ausländische Gesellschaftsformen	22
2.5.	GmbH-Leasing	24
3.	Besondere Varianten der GmbH	25
3.1.	Die GmbH & Co KG	25
3.2.	Die Limited & Co KG	26
3.3.	Die Ein-Mann-GmbH	27
4.	Organe der GmbH	29
4.1.	Geschäftsführer	29
4.2.	Gesellschafterversammlung	31
4.3.	Beirat, Aufsichtsrat, Ausschüsse	33
5.	Satzung	33
6.	Einzelfragen	35
6.1.	Stammkapital und Kapitalerhalt	35
6.2.	Haftungsbegrenzung, Durchgriffshaftung	42
6.3.	Anonymität	45
6.4.	Mehrstöckige GmbH, Konzern	48
IV.	**Gründung einer GmbH**	52
1.	Beschleunigung der Gründung ab 2008	52
1.1.	Eintragung auch ohne staatliche Genehmigung	53
1.2.	Umstellung auf elektronische Register	54
1.3.	Verzicht auf Sicherheitsleistungen bei Ein-Mann-Gesellschaften	54
2.	Grundsätzliche Überlegungen vor der Gründung einer GmbH	55
2.1.	Struktur der GmbH	55

2.2.	Tätigkeitsbereich	56
2.3.	Wahl der richtigen Firma	57
2.4.	Gesellschafterkreis, Familiengesellschaft	58
2.5.	Geschäftsführer	60
3.	Formulierung der Satzung	62
4.	Der Notar	65
5.	Genehmigungen, Stellungnahmen	65
6.	Einzahlung des Stammkapitals	66
7.	Sachgründung	67
8.	Anmeldung zum Handelsregister	69
9.	Eintrag ins Handelsregister	70
10.	Gewerbeaufsicht, Finanzamt	71
11.	Kosten und Gebühren	72
11.1.	Notar	72
11.2.	Register	73
11.3.	Andere Stellen	74
11.4.	Rechtsanwalt	74
12.	GmbH in Gründung	74
13.	Vorgründungs-Gesellschaft	76
14.	Haftungsbeschränkung vor Eintragung	77
V.	**Kauf einer GmbH**	**78**
1.	Vorratsgesellschaften	78
2.	Übernahme einer Alt-GmbH	80
VI.	**Anhänge**	**82**
1.	GmbH-Satzung mit Erläuterungen	83
2.	GmbH-Eröffnungsbilanz	92
3.	GmbH-Übernahmevertrag	94
4.	Beschlüsse nach GmbH-Kauf	98
5.	Gesetzestexte	101
5.1.	Allgemeine Regelungen	101
5.2.	Regeln zur Kaufmannschaft	101
5.3.	Regeln zum Handelsregister	101
5.4.	Firmenrecht	103
5.5.	Regeln zur Buchführung und Bilanzierung	106
5.6.	GmbH-Gesetz 2008 (vollständiger Text unter Zugrundelegung des MoMiG)	114

Abkürzungsverzeichnis

a.A.	anderer Ansicht
Abs.	Absatz
AG	Aktiengesellschaft
AktG	Gesetz über Aktiengesellschaften
Anh.	Anhang
Art.	Artikel
BayObLG	Bayerisches Oberstes Landesgericht
BB	Betriebsberater
BFH	Bundesfinanzhof
BFH	Bundesfinanzhof
BGB	Bürgerliches Gesetzbuch
BGB	Bürgerliches Gesetzbuch
BGH	Bundesgerichtshof
BGH Z	Sammlung des Bundesgerichtshofs in Zivilsachen
BNotO	Bundesnotarordnung
BRAGO	Bundesrechtsanwaltsgebührenordnung
BSG	Bundessozialgericht
BStBl	Bundessteuerblatt
DIHT	Deutscher Industrie- und Handelstag
DNotZ	Deutsche Notarzeitung
e.G.	Eingetragene Genossenschaft
e.V.	Eingetragener Verein
EHUG	**Gesetz über das elektronische Handelsregister und Genossenschaftsregister sowie das Unternehmensregister**
EGBGB	Einführungsgesetz zum Bürgerlichen Gesetzbuch
EStG	Einkommensteuergesetz
EU	Europäische Union
EuGH	Europäischer Gerichtshof
f.	folgende
ff.	fortfolgende
FG	Finanzgericht
GesR	Gesellschaftsrecht
GewStG	Gewerbesteuergesetz
GmbH	Gesellschaft mit beschränkter Haftung
GmbHG	GmbH-Gesetz
GmbHR	GmbH-Rundschau
HGB	Handelsgesetzbuch
i.V.m.	In Verbindung mit
KG	Kommanditgesellschaft
KGaA	Kommanditgesellschaft auf Aktien
Komm.	Kommentar
KostO	Kostenordnung
KStG	Körperschaftssteuergesetz
Limited	Private Company limited by shares
m.w.N.	mit weiteren Nachweisen
MoMiG	**Referentenentwurf des Gesetzes zur Modernisierung des GmbH-Rechts und zur Bekämpfung von Missbräuchen**
NJW	Neue Juristische Wochenschrift
NJW-RR	Rechtsprechungsübersicht der NJW

NZG	Neue Zeitschrift für Gesellschaftsrecht
oHG	offene Handelsgesellschaft
OLG	Oberlandesgericht
Rs	Rechtssache
RVG	Rechtsanwaltsvergütungsgesetz
Rz.	Randziffer

I. DAS GMBH-RECHT IM WANDEL

Es war im Wintersemester 1979/1980, die spektakuläre große GmbH-Reform gerade zu Papier gebracht, der Autor hing in der Vorlesung zum Thema Gesellschaftsrecht an den Lippen des Professors. Der freilich wirkte ungewohnt ratlos und fächelte sich mit dem Gesetzestext die dringend benötigte Luft zu.

„Wissen Sie, meine Herren, seit neuestem gibt es ja auch so etwas wie eine Ein-Mann-GmbH. So steht das jedenfalls in diesem neuen Gesetz." Er machte eine wegwerfende Handbewegung. „Ich verstehe das nicht mehr, lassen Sie sich das von jemand anderem erklären. Wenn Ihnen überhaupt noch jemand diesen Unsinn verständlich machen kann."

Seinerzeit war die Ein-Mann-Gesellschaft (ein Begriff, über dessen Sinn man ja durchaus ins Grübeln kommen kann) hierzulande eine Revolution. Indes, der Gesetzgeber konnte sich der Realität nicht mehr entziehen. Immer mehr GmbHs waren zum Schein mit Strohmännern gegründet worden, die Wirtschaft lechzte geradezu nach einem einfach zu handhabenden Vehikel zur Begrenzung der persönlichen Haftung Einzelner im Geschäftsleben. Das Ausland hatte es vorgemacht, allen voran die angelsächsischen Rechtsordnungen. Also ließ man nach langem standesgemäßem Zögern die Ein-Mann-GmbH zu und modernisierte die GmbH bei der Gelegenheit gleich von Grund auf.

Diese Frischzellenkur liegt mittlerweile ein gutes Vierteljahrhundert zurück, ohne dass sich seitdem auf dem Gebiet des GmbH-Rechts entscheidendes getan hätte. Wir müssen immer noch zum Notar, zur Handelskammer und zum Amtsgericht, alles kostet und dauert, überall Obrigkeit, nirgends Wettbewerb; wer heute eine GmbH gründet, der braucht Zeit und Geduld.

Das alles funktioniert natürlich nur so lange, wenn man jeglichen Wettbewerb ausschließt. Wer im Mittelstand eine möglichst einfache Konstruktion suchte, die ihn vor persönlicher Inanspruchnahme schützte, war hierzulande auf die GmbH angewiesen. Er musste sich mit dem 1980er Modell abfinden und der neidische Blick über die europäischen Grenzen hinaus wurde mit einem kategorischen Hinweis auf ein generelles Importverbot ausländischer Gesellschaftsformen im Keim erstickt.

Doch dann, im Jahre 2003, entschied der Europäische Gerichtshof im Grunde wenig überraschend, dass das Prinzip der Niederlassungsfreiheit nicht nur für natürliche, sondern auch für juristische Personen gilt – mit der Folge, dass die moderne, in wenigen Stunden zu gründende und ohne nennenswertes Stammkapital operierende englische „Limited" auch hierzulande fröhlich Urständ feierte und mittlerweile droht, unserer guten alten behäbigen und teuren GmbH als Mittel der Haftungsbeschränkung den Rang abzulaufen.[1]

Nun, nach guten drei Jahren, hat der deutsche Gesetzgeber endlich reagiert und einen umfassenden Referentenentwurf zur Änderung des Rechts der GmbH („MoMiG") veröffentlicht, mit dessen Umsetzung angesichts breiter politischer Zustimmung fest zum Jahreswechsel 2007/2008 gerechnet werden kann. Der erste vergleichbare Vorstoß, im Wege des sog. Mindestkapitalgesetzes ähnliches bereits zum Jahreswechsel 2005/2006 umzusetzen,[2] scheiterte letztlich an den unklaren politischen Verhältnissen vor dem Hintergrund der vorgezogenen Bundestagswahlen.

Wir haben wir es dem Vordringen der „Limited" zu verdanken, dass der Gesetzgeber das Recht der GmbH nunmehr erstmalig seit 1980 umfassen erneuern wird. Die Änderungen zielen ganz deutlich auf die „Limited" als gesellschaftsrechtlichem Vorbild hin. Schnellere Gründung, reduziertes Stammkapital, insgesamt weniger Formalitäten – das alles sind Merkmale, die für die „Limited" charakteristisch sind. Dabei ist die „Limited" ohnehin nur eine Protagonistin einer ganzen Reihe anderer ähnlich ge-

---

[1] EuGH Urt. v. 30.09.2003 Rs C-167/01 (*Inspire Art Limited*) und EuGH Urt. v. 05.11.2002 Rs C-208/00 (*Überseering*)

[2] Referentenentwurf zum Mindestkapitalgesetz vom 15.04.2005, Abdruck und weitere Einzelheiten bei *Degenhardt, Der einfachste Weg zur eigenen GmbH*, 3. Auflage 2005 (ISBN: 3-937686-37-1)

strickter Gesellschaftsformen etwa in Frankreich und Spanien, die im Grunde nur die sich jetzt abzeichnende Entwicklung in Deutschland vorweggenommen haben.

Dass der deutsche Gesetzgeber eingestandenermaßen auf den Wettbewerbsdruck von außen reagiert, zeigt auch der Umstand, dass er nunmehr der GmbH ebenfalls die Möglichkeit eröffnen will, ihrerseits den Sitz in das Ausland zu verlegen.

Würde mein eingangs zitierter Professor das heute miterleben müssen, er würde vermutlich endgültig den Glauben an das Gute verlieren. Dennoch besteht kein Zweifel, dass der Gesetzgeber richtig handelt, wobei er leider nach Auffassung des Autors auf halber Strecke stehen bleibt.

II. ÜBERBLICK ÜBER DIE 2008 ZU ERWARTENDEN RECHTSÄNDERUNGEN

Der so genannte Referentenentwurf eines **Gesetzes zur Modernisierung des GmbH-Rechts und zur Bekämpfung von Missbräuchen („MoMiG")**[3] sieht im Wesentlichen folgende Änderungen vor:

1. Erleichterung der Kapitalaufbringung und Übertragung von Geschäftsanteilen

Der Entwurf schlägt vor, das Mindeststammkapital der GmbH von bisher 25.000 Euro auf 10.000 Euro herabzusetzen

Außerdem werden die Gesellschafter künftig individueller über die jeweilige Höhe ihrer Stammeinlagen bestimmen und sie dadurch besser ach ihren Bedürfnissen und finanziellen Möglichkeiten ausrichten können. Bislang muss die Stammeinlage mindestens 100 Euro betragen und darf nur in Einheiten von mindestens 50 Euro aufgeteilt werden. Der Entwurf sieht vor, dass jeder Geschäftsanteil nur noch auf einen Betrag von mindestens einem Euro lauten muss. Vorhandene Geschäftsanteile können künftig leichter gestückelt werden.

Die Flexibilisierung setzt sich bei der Übertragung von Geschäftsanteilen fort. Sie wird erleichtert. So soll das Verbot, bei der Errichtung der Gesellschaft mehrere Geschäftsanteile zu übernehmen, aufgehoben werden. Auch das Verbot, mehrere Teile von Geschäftsanteilen gleichzeitig an denselben Erwerber zu übertragen, soll fallen.

---

[3] Referentenentwurf vom 29. Mai 2007, zu finden unter bmj.bund.de/ e-nid/2b6e2455616e25da2b11bc74b3c9a7a4,33d0e45f7472636964092d0933303 334/Gesellschaftsrecht/Die_GmbH-Reform_ts.html (04.06.2007)

2. Beschleunigung der Registereintragung

Um die Handelsregistereintragung von Gesellschaften zu erleichtern, deren Unternehmensgegenstand genehmigungspflichtig ist, wird das Eintragungsverfahren von der verwaltungsrechtlichen Genehmigung abgekoppelt. Bislang kann eine solche Gesellschaft nur dann in das Handelsregister eingetragen werden, wenn bereits bei der Anmeldung zur Eintragung die staatliche Genehmigungsurkunde vorliegt

Beschleunigt wird insbesondere die Gründung von Ein-Personen-GmbHs. Hier wird künftig auf die Stellung besonderer Sicherheitsleistungen verzichtet.

Die zur Gründung der GmbH erforderlichen Unterlagen können künftig grundsätzlich nur noch elektronisch beim Handelsregister eingereicht werden. Eine notarielle Beglaubigung der Anmeldungen bleibt jedoch erforderlich. Der Notar übermittelt die Anmeldung und die weiteren Dokumente über das elektronische Gerichtspostfach elektronisch an das zuständige Registergericht. Dort können die Daten unmittelbar in die Register übernommen werden, was erheblich zur Beschleunigung beiträgt. Über Anmeldungen zur Eintragung soll „unverzüglich" entschieden werden. Handelsregistereintragungen sollen nur noch elektronisch bekannt gemacht werden.

3. Verlegung des Verwaltungssitzes ins Ausland

Als ein Wettbewerbsnachteil wird angesehen, dass EU-Auslandsgesellschaften nach der Rechtsprechung des EuGH ihren Verwaltungssitz in einem anderen Staat – also auch in Deutschland – wählen können. Umgekehrt haben deutsche Gesellschaften diese Möglichkeit bislang nicht. Durch die Streichung des § 4a Abs. 2 GmbHG soll es deshalb deutschen Gesellschaften ermöglicht werden, einen Verwaltungssitz zu wählen, der nicht notwendig mit dem Satzungssitz übereinstimmt. Dieser Verwaltungssitz kann auch im Ausland liegen. In Deutschland würde dann eine Zustelladresse („Briefkasten") genügen.

4. Mehr Transparenz bei Gesellschaftsanteilen

Nach dem Vorbild des Aktienregisters soll künftig nur derjenige als Gesellschafter gelten, der in die Gesellschafterliste eingetragen ist. So können Geschäftspartner der GmbH lückenlos und einfach nachvollziehen, wer hinter der Gesellschaft steht.

5. Gutgläubiger Erwerb von Gesellschaftsanteilen

Die rechtliche Bedeutung der Gesellschafterliste wird ausgebaut: Die Gesellschafterliste dient als Anknüpfungspunkt für einen gutgläubigen Erwerb von Geschäftsanteilen. Wer einen Geschäftsanteil erwirbt, soll künftig darauf vertrauen dürfen, dass die in der Gesellschafterliste verzeichnete Person auch wirklich Gesellschafter ist.

6. Sicherung des Cash-Pooling

Ferner soll das bei der Konzernfinanzierung international gebräuchliche Cash-Pooling gesichert und auf eine verlässliche Rechtsgrundlage gestellt werden. Cash-Pooling ist ein Instrument zum Liquiditätsausgleich zwischen den Unternehmensteilen im Konzern.

7. Deregulierung des Eigenkapitalersatzrechts

Von besonderer praktischer Bedeutung – auch für bestehende Gesellschaften – ist die Deregulierung des Eigenkapitalersatzrechtes. Die komplex gewordene Materie des Eigenkapitalersatzrechts wird erheblich vereinfacht und grundlegend dereguliert.

Beim Eigenkapitalersatzrecht geht es um die Frage, ob Kredite, die Gesellschafter ihrer GmbH geben, als Darlehen oder als Eigenkapital behandelt werden. Das Eigenkapital steht in der Insolvenz hinter allen anderen Gläubigern zurück. Grundgedanke der Neuregelung ist, dass die Organe und Gesellschafter der gesunden GmbH einen einfachen und klaren Rechtsrahmen vorfinden sollen. Dazu werden die Rechtsprechungs- und Gesetzesregeln über die kapitalersetzenden Gesellschafterdarlehen im Insolvenzrecht neu geordnet; die Rechtsprechungsregeln nach § 30 GmbHG werden aufgehoben. Eine Unterscheidung zwischen „kapitalersetzenden" und „normalen" Gesellschafterdarlehen wird es danach im Regelfall nicht mehr geben.

8. Bekämpfung von Missbräuchen

Die aus der Praxis übermittelten Missbrauchsfälle im Zusammenhang mit der Rechtsform der GmbH sollen durch verschiedene Maßnahmen bekämpft werden:

1. Die Rechtsverfolgung gegenüber Gesellschaften soll beschleunigt werden. Das setzt voraus, dass die Gläubiger wissen, an wen sie sich wegen ihrer Ansprüche wenden können. Deshalb muss zukünftig in das Handelsregister eine zustellungsfähige Geschäftsanschrift eingetragen werden. Wenn unter dieser eingetragenen Anschrift eine Zustellung unmöglich ist, wird die Möglichkeit verbessert, eine öffentliche Zustellung im Inland zu bewirken.

2. Die Gesellschafter werden im Falle der Führungslosigkeit der Gesellschaft verpflichtet, bei Zahlungsunfähigkeit und Überschuldung einen Insolvenzantrag zustellen. Hat die Gesellschaft keinen Geschäftsführer mehr, muss jeder Gesellschafter an deren Stelle Insolvenzantrag stellen, es sei denn, er hat vom Insolvenzgrund und von der Führungslosigkeit keine Kenntnis. Die Insolvenzantragspflicht soll durch ein Abtauchen der Geschäftsführer nicht umgangen werden können.

3. Geschäftsführer, die Beihilfe zur Ausplünderung der Gesellschaft durch die Gesellschafter leisten und dadurch die Zahlungsunfähigkeit der Gesellschaft herbeiführen, sollen stärker in die Pflicht genommen werden. Dazu wird das sog. Zahlungsverbot in § 64 GmbHG geringfügig erweitert.
4. Die bisherigen Ausschlussgründe für Geschäftsführer werden um Verurteilungen wegen er Straftatbestände der §§ 399 bis 401 Abs. 1 AktG und §§ 82, 84 Abs. 1 GmbHG erweitert. Zum Geschäftsführer kann also nicht mehr bestellt werden, wer gegen zentrale Bestimmungen des Wirtschaftsstrafrechts verstoßen hat.

Es wird im Folgenden unterstellt, dass der MoMiG so, wie er am 29.05.2007 der Öffentlichkeit vorgestellt wurde,[4] auch die Gesetzgebungsorgane passiert und zum 01.01.2008 Wirksamkeit erlangt.[5] Die politische Unterstützung ist groß, es gibt nahezu keinen sachlichen Widerstand. Es hat sich die Erkenntnis durchgesetzt, dass man eher zu spät als zu früh handelt.

---

[4] vgl. FN 3
[5] der modifizierte Text des GmbHG auf Basis des MoMiG ist in Kapitel VI 5.6 abgedruckt

III. DAS NEUE GMBH-RECHT IM ZUSAMMENHANG

1. Juristische Personen

Vorab einige grundsätzliche Bemerkungen zur GmbH. Die GmbH ist eine juristische Person. Hierunter versteht man (künstliche) Konstruktionen mit eigener Rechtspersönlichkeit. Da zunächst nur natürlichen Personen eine eigene Rechtspersönlichkeit zukommt, sind juristische Personen eine Ausnahme von der Regel und können folglich nur dort entstehen, wo der Gesetzgeber sie explizit erlaubt. In Deutschland sind dies:

- die Gesellschaft mit beschränkter Haftung (GmbH)
- die Aktiengesellschaft (AG)
- die Genossenschaft (eG)
- die Kommanditgesellschaft auf Aktien (KGaA)
- der Verein (e.V.)
- die Stiftung
- der Versicherungsverein auf Gegenseitigkeit (VVaG).

Daneben existieren noch Sonderformen wie der wirtschaftliche Verein oder die gemeinnützige GmbH, denen aber in unserem Zusammenhang keine praktische Bedeutung zukommt. Die ausländischen Rechtsordnungen demokratischer Staaten kennen durchweg eng verwandte Gesellschaftsformen.[6]

Während Genossenschaft, Stiftung und Verein besonderen, nicht primär wirtschaftlichen Zwecken dienen (und damit hier nicht weiter interessieren), sind die kapitalistische GmbH und AG weit verbreitet und aus dem deutschen Wirtschaftsleben nicht mehr weg zu denken. Insbesondere die GmbH erfreut sich un-

---

[6] z.B. Limited und PLC in England, S.A. und S.A.R.L. in Frankreich

gebrochener Beliebtheit, was jedoch in erster Linie am Fehlen von Alternativen liegt. Wer hierzulande auf möglichst niedrigem Niveau eine juristische Person zu gewerblichen Zwecken einsetzen will, kommt zurzeit an der GmbH nicht vorbei. Die GmbH ist das klassische Instrument des Mittelstandes.

Die AG ist noch wesentlich aufwändiger und kapitalintensiver, also erst dann eine ernsthafte Alternative, wenn man Großes vorhat. Seit dem Niedergang des neuen Marktes vor einigen Jahren hat sich das Thema Beschaffung von Fremdkapital durch Publikumsgesellschaften ohnehin weitgehend erledigt (und die Rechtsform der AG ihren vormals makellosen Ruf eingebüßt).

Was haben juristische Personen also für Vorteile und Besonderheiten, die jährlich hierzulande Zehntausende veranlassen, den beschwerlichen und teuren Weg zum Notar auf sich nehmen?

Da wäre zunächst der Vorteil, dass eine juristische Person über eine eigene Rechtspersönlichkeit verfügt.[7] Sie hat eigene Rechte und Pflichten, unabhängig von den hinter ihr stehenden Personen, den Gesellschaftern. Sie kann klagen und verklagt werden, verfügt über ihre eigenen Bankkonten und Angestellten, kann isoliert in Insolvenz gehen - kurzum, sie ist von ihren Gesellschaftern im Rechtsverkehr mit Dritten weitgehend unabhängig. Das Risiko der Gesellschafter ist also auf ihre Beteiligung an der Gesellschaft beschränkt. Soweit die Theorie. Dass dies in der Praxis - jedenfalls bei kleinen Gesellschaften – nicht so ist, werden wir später sehen.

Ein entscheidender Vorteil der juristischen Person ist die Haftungsbegrenzung.[8] Die Gesellschaft haftet Dritten nur mit ihrem eigenen Vermögen, nicht aber mit dem ihrer Gesellschafter oder Organe. Das ist natürlich sehr reizvoll, wenn das Unternehmen ein risikoreiches Gewerbe (z.B. Autohandel) ausübt. Wenn Gewährleistungsansprüche überhand nehmen, trifft es nur die Ge-

---

[7] § 13 Abs. 1 GmbHG
[8] § 13 Abs. 2 GmbHG

sellschaft, nicht jedoch die Gesellschafter. Dies ist bei richtiger Gestaltung und Handhabung auch ganz legal in der Praxis so realisierbar und stellt den zentralen Grund dar, warum die juristische Person so beliebt ist.

Ein weiterer liegt in der – allerdings gemeinhin überschätzten – Anonymität juristischer Personen begründet. So gibt es immer wieder Konstellationen, in denen sich eine handelnde Person nur ungern zu erkennen gibt. Dies kann lautere (z.B. Wettbewerbsgründe) und unlautere (z.B. Berufsverbot) Motive haben. Nun kann man sich immer hinter einem Treuhänder (umgangssprachlich auch Strohmann genannt) verstecken, ohne dafür eigens eine juristische Person bemühen zu müssen, gleichwohl eignet sich diese gelegentlich ganz besonders gut dazu, die Identität der Handelnden zu verschleiern (man denke nur an eine Aktiengesellschaft mit frei übertragbaren Inhaberaktien – jenseits der meldepflichtigen Größen ein vollkommen anonymes Geschäft). Auf die vergleichsweise „gläserne" GmbH trifft dies jedoch nicht zu,[9] erst Recht nicht mehr ab 2008.

Die Gesetzesväter verfolgten mit der Zulassung von Kapitalgesellschaften naturgemäß ganz andere Ziele. Unter anderem war das der Schutz der Gläubiger der Gesellschaft. Diese sollten durch eine üppige finanzielle Ausstattung der Kapitalgesellschaft (sic!) immer Zugriff auf hinreichendes Vermögen haben, um ihre Forderungen jederzeit befriedigen zu können, auch ohne auf die handelnden Personen zugreifen zu können. Dies nützt letztlich nicht nur dem Gläubiger, sondern auch der Gesellschaft und damit dem Gesellschafter: So wird die Gesellschaft z. B. kreditwürdig, ein manchmal nicht unwesentlicher Gesichtspunkt.

Die Praxis indes hat einen ganz anderen Weg eingeschlagen: Es wurde mittlerweile jeder nur denkbare Versuch unternommen, den Gesellschaften ihr Stammkapital so schnell und restlos wie möglich zu entziehen. Für viele Gesellschafter gerade kleiner

---

[9] siehe hierzu im Einzelnen: Kapitel IV 6.3

Unternehmen ist das Stammkapital nichts weiter als totes Kapital, das man an anderen Orten viel besser einsetzen kann (oder das einem vielleicht gar nicht gehört). Versuche von Gesetzgeber und Justiz, dies zu unterbinden (etwa durch Vorschriften über Kapitalerhalt,[10] kapitalersetzende Darlehen[11] oder die Rechtsprechung zur Durchgriffshaftung bei qualifizierter Unterkapitalisierung[12]), sind im Tagesgeschäft weitgehend ins Leere gelaufen (und werden daher 2008 auch teilweise aufgehoben), was dazu geführt hat, dass jedenfalls kleinere Gesellschaften heutzutage in ihrer Kreditwürdigkeit a priori der eines Bankrotteurs gleichen.

In Ländern mit Gesellschaften ohne Mindestkapitalausstattung wird der Gläubigerschutz in der Regel ausschließlich durch Publizität (der Beteiligungs- und Vertragsverhältnisse) und harte Regeln für die Durchgriffshaftung auf das Vermögen der handelnden Personen bei Verstößen hiergegen sichergestellt, wobei die Wirklichkeit mittlerweile hinreichend bewiesen hat, dass effektiver Gläubigerschutz in kleinen Kapitalgesellschaften ohnehin nicht zu gewährleisten ist. Im Verkehr mit kleinen Kapitalgesellschaften gilt es heute mehr denn je, die Initiative zu ergreifen und sich anderweitig abzusichern (etwa durch die klassischen Sicherungsmittel wie Eigentumsvorbehalt oder Bürgschaft). Auf das „Kapital" kann man sich innerhalb dieser Größenordnungen weder in Deutschland noch anderswo verlassen. Nicht umsonst wird der Hinweis auf die Rechtsform der Kapitalgesellschaft gemeinhin als „Warnhinweis" verstanden.[13] Mit der Einführung der „kleinen" GmbH und ihrem deutlich reduzierten Stammkapital wird diese Entwicklung noch verschärft.

Nur am Rande hingewiesen sei an dieser Stelle auf die vielfältigen Bestimmungen des Handelsrechts, die dem Unternehmer ei-

---

[10] §§ 30 ff GmbHG
[11] §§ 32a f GmbHG
[12] grundlegend: BGHZ 31, 270 f, im Einzelnen siehe: Kapitel IV 6.2
[13] siehe Baumbach/Hueck, GmbHG, § 4 Rz. 14 f.

ner GmbH das Leben durchaus schwer zu machen geeignet sind,[14] jedenfalls schwerer als dem Einzelunternehmer.

GmbHs müssen Bilanzen, Jahresabschlüsse und unter Umständen auch Lageberichte fertigen[15] und diese in aller Regel auch hinterlegen[16] (was freilich oftmals gerade bei kleineren GmbHs nicht geschieht, ohne zurzeit in der Praxis Sanktionen nach sich zu ziehen, das mag sich aber bald ändern). Der Abschluss muss geprüft werden, wenn es sich nicht um ein kleines Unternehmen handelt.[17] GmbHs unterliegen der Körperschaftsteuer[18] und haben immer und unabhängig von ihrem Geschäftszweck die Kaufmannseigenschaft.[19] Ihr kaufmännischer Betrieb ist daher wesentlich aufwändiger als der eines vergleichbaren Einzelunternehmers. Ohne die Hilfe eines Steuerberaters kommt man schon lange nicht mehr aus; freilich haben alle diese Hindernisse nicht an der ungebrochenen Beliebtheit der GmbH rütteln können.

2. Alternativen zur GmbH

Gleichwohl lohnt ein kurzer Blick auf die Alternativen zur GmbH. Es gibt ohnehin nur wenige. Die GmbH ist die einfachste und damit (relativ) am wenigsten aufwendige deutsche Kapitalgesellschaft und aus diesem Grund weitestgehend konkurrenzlos, will man im Inland Vorteil aus der Rechtsfigur der juristischen Person ziehen. Dieser Trend wird sich ab 2008 ohnehin noch verstärken.

---

[14] eine Zusammenstellung der wichtigsten Vorschriften findet sich im Anhang in Kapitel VI 5
[15] § 42 GmbHG, §§ 242 ff, 264 ff HGB
[16] § 325 HGB
[17] §§ 326 i.V.m. § 267 HGB
[18] § 1 KStG
[19] z.B. § 13 Abs. 3 GmbHG für die GmbH

2.1. Natürliche Person als Unternehmer

Wer sein Erwerbsgeschäft als natürliche Person führt, haftet auch mit seinem gesamten Privatvermögen. Es gibt keine Trennung. Dies stellt also gerade keine Alternative zur Nutzung einer GmbH dar.

Zwar gibt es viele Möglichkeiten, sein Vermögen auch als Privatperson zu separieren, etwa durch Übertragung auf andere Personen (Ehefrau), durch Einbringung in eigens hierfür geschaffene Gesellschaften (z.B. bei Grundstücken) oder durch die Nutzung von Stiftungen (bei großen Vermögen). Freilich soll es schon Fälle gegeben haben, in denen die reich beschenkte Ehefrau anschließend mit ihrem Fitness-Trainer das Weite suchte und die Anteile an Projektgesellschaften etwa fallen uneingeschränkt in das (pfändbare) Vermögen des Handelnden. Zwar kann man in Bezug auf die Pfändung von Geschäftanteilen einer GmbH einige Sicherungsmechanismen vorsehen,[20] dennoch ist es wesentlich sicherer, von vorne herein den umgekehrten Weg zu gehen: Nämlich das risikoreichere Erwerbsgeschäft haftungsrechtlich vom regelmäßig risikoärmeren Privatvermögen abzukoppeln.

2.2. Personenhandelsgesellschaften (KG, oHG)

Auch die Kommanditgesellschaft (KG) und die offene Handelsgesellschaft (oHG) stellen zumeist keine Alternativen zur Nutzung einer GmbH dar.

In beiden Fällen schließen sich Gesellschafter zum Betrieb eines Handelsgewerbes zusammen, die aber für Verbindlichkeiten der Gesellschaft in vollem Umfang persönlich (oHG) bzw. z. T. beschränkt auf die geleistete Kommanditeinlage (Kommanditisten einer KG) haften. Auch bei einer KG haftet der Komplementär aber immer unbeschränkt und persönlich für die Verbindlichkei-

---

[20] siehe dazu: Ziff. VI 1.2

ten der Gesellschaft. KG und oHG sind daher gerade keine Alternative zur GmbH, will man eine wirksame Vermögenstrennung herbeiführen.

Anders sieht es bei der GmbH & Co KG aus. Hier dient eine GmbH als Komplementär mit der Folge, dass nur die GmbH und niemand sonst persönlich haftet. Diese Folge ergibt sich freilich nicht aus dem Wesen der KG, sondern aus dem der beteiligten GmbH. Die GmbH und Co. hat denn auch keine haftungsrechtlichen, sondern vielmehr steuerrechtliche Hintergründe und spielt vor dem Thema dieses Buches, wo es in erster Linie um das neue GmbH-Recht ab 2008 geht, keine Rolle. Für die wirksame Vermögenstrennung genügt bereits die einfache GmbH.

Noch andere Hintergründe hat die Konstruktion der Limited & Co KG, auf die an anderer Stelle eingegangen wird.[21]

2.3. GbR mit beschränkter Haftung

Gelegentlich findet man auf Rechnungen oder Auftragsbestätigungen den Hinweis, man habe es mit einer „GbR mit beschränkter Haftung" zu tun. Der Jurist wundert sich, überlegt, ob ihm beim Studium etwas entgangen ist und blättert vielleicht auch noch ergebnislos im Gesetz.

In einer GbR, mit vollem Namen „Gesellschaft bürgerlichen Rechts", haftet jeder Gesellschafter persönlich als Gesamtschuldner für alle Verbindlichkeiten,[22] das hat er im dritten Semester gelernt. Und die „GbR mit beschränkter Haftung" gibt es in den Gesetzbüchern nicht. Hat da vielleicht jemand das Ei des Kolumbus erfunden? Die Haftungsbeschränkung ohne solch unangenehme Dinge wie Stammkapital, Notar und Handelsregister?

---

[21] siehe Kapitel. 3.2
[22] § 420 ff BGB, vgl. Palandt/Thomas § 718 Rz. 8 f.

Zunächst: Auch eine Gesellschaft bürgerlichen Rechts verfügt über Gesellschaftsvermögen, das durch Beiträge der Gesellschafter und die Erträge der Gesellschaft gebildet wird.[23] Es ist ferner möglich, auch in Rechtsgeschäften mit Dritten die Haftung auf eben dieses Gesellschaftsvermögen zu begrenzen.[24] Dazu bedarf es freilich in jedem Einzelfall einer konkreten Vereinbarung, der allgemeine Hinweis etwa auf die „GbR mit beschränkter Haftung" auf Geschäftsbriefen reicht hierfür jedenfalls nicht zweifelsfrei aus.[25] Erst recht gilt dies für die Aufnahme der Haftungsbeschränkung in Allgemeinen Geschäftsbedingungen (AGB).[26]

Das bedeutet, dass man in jedem Einzelfall mit jedem infrage kommenden Geschäftspartner eine Haftungsbeschränkungsvereinbarung abschließen muss, will man auf Nummer sicher gehen. Dies ist kaum praktikabel, wenn man Publikumsverkehr hat und dürfte darüber hinaus eine außerordentlich abschreckende Wirkung auf die Kundschaft haben, die sich mit dem Zeigefinger auf eine vermögenslose undefinierbare Haftungsmasse verwiesen sieht. Es verwundert daher auch nicht, dass die GbR mit beschränkter Haftung sich in der Praxis nicht durchgesetzt hat. Allerdings kann ihre Verwendung im Rahmen einer Vorgesellschaft (also während der Gründungsphase der GmbH, wenn diese noch nicht zur Eintragung gelangt ist) sinnvoll sein; Einzelheiten hierzu später.[27] Auch dies wird sich aber ab 2008 ändern, wenn die Gründung der GmbH wesentlich beschleunigt wird und damit die Bedeutung der Vorgesellschaft nur noch untergeordnet sein wird.

---

[23] § 718 Abs. 1 BGB
[24] BGH NJW 1985, S. 619
[25] unklar; offen gelassen bei BGH NJW 92, 3037, in der Literatur umstritten, Nachweise bei Grummert, ZIP 93, 1063 ff.
[26] OLG Stuttgart WM 02, 667; Ausnahme: Publikumsgesellschaften (BGH NJW 02, 1642)
[27] Kapitel IV 11

2.4. Ausländische Gesellschaftsformen

Juristische Personen wie die GmbH gibt es naturgemäß nicht nur im Inland, sondern auch durchgängig im Ausland, jedenfalls dort, wo liberale Wirtschaftssysteme implementiert sind.[28] Diese ähneln in ihrer Grundstruktur der GmbH verblüffend. Es handelt sich um abstrakte, von ihren Gesellschaftern unabhängige Unternehmen im kaufmännischen Verkehr, deren Verbindlichkeiten vom Vermögen der Gesellschafter getrennt sind. In England ist dies die „Private Limited Company by Shares", kurz „Limited", in Frankreich die Société à responsabilité limiteé (kurz: S.A.R.L.), in Spanien die S.L. Die Liste ließe sich beliebig fortführen, indes, ausländische Gesellschaften eigenen sich nur bedingt, um im Inland zu handeln. Zwar werden sie nach der jüngsten Rechtsprechung des Gerichtshofes inländischen Gesellschaften gleichgestellt,[29] sofern sie aus einem Mitgliedsstaat der EU kommen, jedoch ist in nahezu allen Fällen Wirksamkeitsvoraussetzung, dass diese Gesellschaften einen Sitz in ihrem jeweiligen Heimatland haben (Für die GmbH gilt zurzeit noch nichts anderes: Sie muss in Deutschland ihren Sitz haben, andernfalls verliert sie ihre Rechtsfähigkeit;[30] dies wird sich aber ab 2008 ändern). Dies kompliziert die Verwaltung naturgemäß und treibt die Kosten in die Höhe.

Die englische „Limited" darf ihren Verwaltungssitz vollständig in das Ausland verlegen; in England genügt eine Zustelladresse („Briefkasten"). Dies bedeutet, dass man eine „Autohandel Max Müller Limited" mit Sitz in Köln gründen kann, die rechtlich im Inland einer GmbH weitgehend gleichgestellt ist, und das innerhalb weniger Tage für einen minimalen Gesamtaufwand, der auch im bequemsten Fall – der Übernahme einer kommerziell

---

[28] Übersicht bei *Degenhardt, Die „Limited" in Deutschland*, S. 27 ff (ISBN: 3-937686-43-6)
[29] EuGH Urt. V. 30.09.2003 (C-167/01) „Inspire Art Limited"
[30] grundlegend: BGHZ 29, 328

vorgegründeten Vorratsgesellschaft – kaum mehr als 500 Euro beträgt.[31]

Dennoch hat die „Limited" auch in der Form der nach Deutschland zugezogenen „Limited" der GmbH zunächst nur in wenigen Bereichen ernsthaft Konkurrenz gemacht. Neben der fehlenden Akzeptanz beim Kunden ist es vor allen Dingen der erheblich höhere laufende Aufwand, der den Betrieb der „Limited" unwirtschaftlich macht. So muss auch die aus England weggezogene „Limited" in ihrer Heimat laufende Steuererklärungen abgeben und Bilanzen einreichen. Alles folgt eigenen, nationalen Regeln und bedingt nahezu zwangsläufig die Einschaltung eines englischen Steuerberaters. Praktiziert man dies über einige Jahre hinweg, ist der Vorteil der geringen Gründungskosten schnell aufgefressen, zumal in Deutschland natürlich ebenfalls – nach unseren Regeln - bilanziert und versteuert werden muss.[32] Hinzu kommen Probleme bei der Rechtsanwendung (unter Umständen müssen deutsche Gerichte englisches Recht auslegen etc.[33]). All dies hat zur Folge, dass die „Limited" in Deutschland trotz aller Unkenrufe jedenfalls in der gewerblichen Wirtschaft kein Massenphänomen werden wird. Ihr Einsatzbereich in Deutschland wird sich auf kurzfristige Projektgesellschaften und am Rande auf die Limited & Co KG beschränken. Nun – mit der bevorstehenden Reform des GmbH-Rechts – wird der Anwendungsbereich der „Limited" in Deutschland noch weiter an Bedeutung verlieren. Vor dem Hintergrund der geschilderten Probleme, die den Unternehmern aber im Vorfeld gerne verschwiegen werden, ist dies nur zu begrüßen.

---

[31] Einzelheiten bei: Degenhardt, Die „Limited" in Deutschland, S. 39 ff.
[32] Einzelheiten bei: *Cleary, Bilanzen und Steuern der Limited in Deutschland* (ISBN: 3-937686-27-4)
[33] Einzelheiten bei: Degenhardt, Die „Limited" in Deutschland, S. 51 ff.

2.5. GmbH-Leasing

Wer sich kein Auto leisten kann, least sich eins. Wer sich keine GmbH leisten kann, least sich eine.

Der Gedanke, eine GmbH „zu leasen", was ja übersetzt nichts weiter als „zu mieten" bedeutet, ist dem Juristen derart fremd, dass man erst einmal nur Unverständnis erntet. Aber die Idee stammt nicht vom Autor, sie wird gelegentlich von forschen Beratern propagiert. Gemeint ist wohl auch nicht das Vermieten einer GmbH – was sollte da auch vermietet werden? Die GmbH ist schließlich keine Sache, wie sie das deutsche Mietrecht nun einmal voraussetzt.[34] Gemeint ist wohl eher die Vermittlung einer Art von Nießbrauch oder eines Nutzungsrechts an der GmbH, letztlich geht es aber immer nur um eines, nämlich um eine Form der Finanzierung des Stammkapitals und der Gründungskosten.

Im Klartext: Der Unternehmer hat kein Geld für eine GmbH, braucht aber eine. Da ein kapitalloser Unternehmer ebenso wenig wie eine neu gegründete GmbH kreditwürdig ist, stellt der „Leasinggeber" das Kapital zur Verfügung. Wie er sich absichert, bleibt sein Geheimnis und man braucht auch kein Skeptiker zu sein, um zu vermuten, dass in derartigen GmbHs die Vorschriften über Kapitalaufbringung und Kapitalerhalt mit Füßen getreten werden. Anders kann das Modell wirtschaftlich nicht funktionieren, da es bei einer GmbH (anders als bei Luxusautos) keinen gegenfinanzierbaren und halbwegs kalkulierbaren „Restwert" gibt, der Leasingmodelle erst rechenbar macht. Man kann daher nur vor solchen halbseidenen Ansätzen warnen. Auch sie dürften spätestens nach der GmbH-Reform 2008 Geschichte sein.

---

[34] § 535 BGB

3. Besondere Varianten der GmbH

3.1. Die GmbH & Co KG

Oftmals trifft man die GmbH nicht in ihrer reinen Form, sondern in der Variante der GmbH & Co KG an. Hier ist eine GmbH Komplementärin (= persönlich haftende Gesellschafterin) einer Kommanditgesellschaft, so dass im Endeffekt bei dieser Konstruktion keine natürliche Person für die Verbindlichkeiten der werbenden KG haftet. Die GmbH zieht sich in solchen Konstruktionen zumeist auf rein verwaltende Tätigkeit zurück; ihr Zweck erschöpft sich meist in der Geschäftsführung der KG.

Die GmbH & Co KG stellt eine Mischform von Kapital- und Personengesellschaft dar und verbindet viele der jeweiligen Vorteile. Diese Typenmischung zeigt aber auch, dass hier kein einheitliches Gebilde entsteht, sondern eine eng miteinander verzahnte Struktur aus zwei dauerhaft selbständigen Gesellschaften, der GmbH und der KG. Das wesentliche steuerrechtliche Motiv zur Gründung einer GmbH & Co KG liegt in der Möglichkeit der Verrechnung von Verlusten der KG mit anderen Einkünften der Kommanditisten.[35] Dieser Grundsatz ist zwar zwischenzeitlich vom Gesetzgeber eingeschränkt worden,[36] bildet aber gleichwohl immer noch das Hauptmotiv für die Wahl der GmbH & Co KG. Hinzu kommt das bei Personengesellschaften unbekannte Phänomen der verdeckten Gewinnausschüttung, das Gesellschafter einer GmbH erheblich belasten kann, sowie er höhere Gewerbesteuerfreibetrag der KG (24.500 Euro anstelle von 3.900 Euro bei der GmbH).[37]

Diesen Vorteilen steht der (verglichen mit der einfachen GmbH) etwa doppelte Gründungsaufwand gegenüber. Wem es nur um

---

[35] Liebscher in: Sudhoff, Die GmbH & Co KG, § 2 Rz. 18
[36] §§ 2b, 15a EStG
[37] § 11 Abs. 2 GewStG

die Beschränkung seiner persönlichen Haftung geht, fährt mit einer einfachen GmbH also besser.

3.2. Die Limited & Co KG

Die neue Rechtsform der Limited & Co KG wird vielfach schon voreilig als Totengräberin der GmbH & Co KG bezeichnet. Sie entspricht in ihrer Struktur der GmbH & Co KG, mit der einen Ausnahme, dass die Position der Komplementärin (= der persönlich haftenden Gesellschafterin der KG) nicht von einer GmbH, sondern von einer englischen „Limited" besetzt wird. Vor dem dargestellten Hintergrund, dass eine „Limited" nicht mehr in England ansässig sein muss, sondern ihren Verwaltungssitz im Inland nehmen kann, ist diese Variante in der Tat überlegenswert. Sie vermeidet weitgehend den Nachteil der mangelnden Akzeptanz der „Limited" beim Geschäftspartner, da im Geschäftsverkehr mit Dritten die (deutsche) KG, nicht jedoch die (englische) Limited auftritt. Der Aufwand für doppelte Bilanzierung und Steuererklärungen ist hier unter Umständen vertretbar, da die Bilanzen und Steuererklärungen einer reinen Holding-Gesellschaft häufig einfacher strukturiert und damit auch einfacher replizierbar sind. Man spart im Gegenzug in erster Linie die Aufbringung des Stammkapitals der GmbH, ein Merkmal, das die „Limited" nicht kennt.

Wenn man die Limited & Co KG mit der GmbH & Co KG vergleicht, kann man also ohne weiteres Anschaffungskosten sparen und braucht darüber hinaus kein nennenswertes Stammkapital aufzubringen. Dem steht der dargestellte höhere laufende Aufwand (Buchführung, Bilanzen, Steuererklärungen) gegenüber, dessen Höhe sehr vom Einzelfall abhängt, der aber mindestens (im einfachsten Fall) 500,00 Euro p. a. betragen wird. Bei dieser Konstellation spricht dennoch unter reinen Kostenaspekten manches für die Limited & Co KG als Alternative zur GmbH & Co KG, zumal erstere in gleicher Weise wie ihre inländische

Schwester von den geschilderten Steuervorteilen Gebrauch machen kann[38].

Vergleicht man hingegen die einfache GmbH mit der Limited & Co KG, sieht die Kostenbilanz schon weniger positiv aus. Zwar spart man sich auch hier die Aufbringung des Stammkapitals, aber der sonstige Gründungsaufwand unterscheidet sich nicht wesentlich voneinander. Die Limited & Co ist in der Gründung insgesamt sogar etwas aufwändiger als die GmbH; hinzu kommt deutlich höhere laufende Aufwand bei der „Limited". Die Limited & Co KG ist daher allein unter Kostenaspekten keine ernsthafte Alternative zur einfachen GmbH; es bleibt allein die Befreiung von der Verpflichtung zur Aufbringung des Stammkapitals. Dies gilt erst Recht ab 2008.

Unklar ist im Übrigen auch, wie in der Praxis die Firma (= der Name) der Limited & Co KG aussieht. Die KG darf als Personengesellschaft keine isolierte Sachfirma führen, ist ihre persönliche haftende Gesellschafterin eine GmbH, übernimmt sie deren Sachfirma. Man wird hier damit leben müssen, die englische Firma der „Limited" auch als Bestandteil des KG-Namens zu führen.

3.3. Die Ein-Mann-GmbH

Die Ein-Mann-GmbH ist bei kleineren Unternehmen heutzutage eher die Regel denn die Ausnahme. Sie wurde 1980 erstmals ausdrücklich vom Gesetzgeber anerkannt und hat sich seitdem explosionsartig ausgebreitet.

Bei der Ein-Mann-GmbH sind (einziger) Gesellschafter und Geschäftsführer personengleich; wenn, was die Regel ist, der Geschäftsführer zusätzlich noch von dem Verbot der Selbstvertre-

---

[38] siehe oben Kapitel 3.1

tung befreit ist,[39] kann er darüber hinaus auch Verträge im Namen der GmbH mit sich selber abschließen.

Die Zulässigkeit dieser Konstruktion steht außer Frage, freilich ist sie in der Praxis nicht unproblematisch, insbesondere im Hinblick auf eine Durchgriffshaftung. Hierunter versteht man Sachverhalte, in denen Gläubiger der GmbH direkt auf das Privatvermögen des Gesellschafters zugreifen können. Da ein solcher Durchgriff auf das Privatvermögen der Gesellschafter bei der GmbH systemwidrig ist,[40] braucht es ein Fehlverhalten der handelnden Personen, um eine solche Durchgriffshaftung auszulösen. Eine der klassischen Fallgruppen der Durchgriffshaftung ist die der mangelhaften Trennung zwischen Privat- und Firmenvermögen[41], die naturgemäß in der Ein-Mann-GmbH wesentlich leichter auftreten kann als im Fall der Personenverschiedenheit von Geschäftsführer und Gesellschaftern. Bei der Ein-Mann-GmbH fehlt die effektive Kontrolle durch die Gesellschafter; der Ein-Mann-Gesellschafter/Geschäftsführer kann sich sogar selbst entlasten[42]. Darüber hinaus eignet sich die Ein-Mann-GmbH naturgemäß eher zum Missbrauch, also zum Zweck der Umgehung der persönlichen Haftung durch Einschaltung einer juristischen Person.

Genaueres hierzu und zu den anderen Fällen der Durchgriffshaftung in das Privatvermögen des Gesellschafters später,[43] gleichwohl ist bereits an dieser Stelle festzuhalten, dass die Ein-Mann-GmbH in diesem Punkt außerordentlich schadensanfällig ist und der sorgsamen Führung bedarf, will man nicht im Hinblick auf sein Privatvermögen schutzlos enden.

---

[39] § 35 Abs. 4 GmbHG i.V.m. § 181 BGB
[40] vgl. § 13 Abs. 2 GmbHG: „Für Verbindlichkeiten der Gesellschaft haftet Gläubigern derselben nur das Gesellschaftsvermögen"
[41] Einzelheiten zum Problemkreis der Durchgriffshaftung unter Ziff. 6.2
[42] Roth in Roth/Altmeppen, GmbHG, § 1 Rz. 45
[43] vgl. Kapitel 6.2

Auf der anderen Seite ist darauf hinzuweisen, dass es so etwas wie die Ein-Mann-GmbH keinesfalls überall gibt, die ob ihrer Unkompliziertheit so gerühmte „Limited" beispielsweise benötigt immer zwei handelnde Personen, den „Director" und (wenn nur ein „Director" vorhanden) mindestens einen „Secretary". Insofern ist die viel geschmähte GmbH an dieser Stelle sogar etwas pflegeleichter als ihre Konkurrentin aus dem Ausland.

4. Organe der GmbH

Zwingende Organe der GmbH sind Geschäftsführung und Gesellschafterversammlung.

4.1. Geschäftsführer

Die Geschäftsführer vertreten die GmbH gerichtlich und außergerichtlich.[44] Die GmbH muss mindestens einen Geschäftsführer haben, kann darüber hinaus aber auch mehrere bestellen.[45]

Geschäftsführer kann nur eine natürliche, unbeschränkt geschäftsfähige Person sein.[46] Minderjährige scheiden daher als Geschäftsführer aus.

Bei den Ausschlussgründen für Geschäftsführer von GmbHs ändert sich ab 2008 einiges. Bisher gilt: Wer wegen Insolvenzstraftaten[47] verurteilt worden ist, kann auf die Dauer von fünf Jahren seit der Rechtskraft des Urteils nicht Geschäftsführer einer GmbH sein. Und: Wem durch gerichtliches Urteil oder durch vollziehbare Entscheidung einer Verwaltungsbehörde die Aus-

---

[44] § 35 Abs. 1 GmbHG, § 36 GmbHG
[45] § 6 Abs. 1 GmbHG
[46] § 6 Abs. 2 GmbHG
[47] §§ 283 – 283d StGB: Bankrott, Verletzung der Buchführungspflicht, Gläubiger- und Schuldnerbegünstigung, der Katalog wird 2008 erweitert werden, siehe dazu:

übung eines Berufs, Berufszweigs, Gewerbes oder Gewerbezweigs untersagt worden ist, kann für die Zeit, für welche das Verbot wirksam ist, bei einer Gesellschaft, deren Unternehmensgegenstand ganz oder teilweise mit dem Gegenstand des Verbots übereinstimmt, ebenfalls nicht Geschäftsführer sein.

Ab 2008 wird dieser Katalog der Ausschlussgründe erweitert, und erfasst er dann alle Straftaten nach § 82 oder § 84 GmbHG, den §§ 399 bis 401 des Aktiengesetzes oder den §§ 283 bis 283d des Strafgesetzbuchs. Dieser Ausschluss gilt für die Dauer von fünf Jahren seit der Rechtskraft des Urteils, wobei die Zeit nicht eingerechnet wird, in welcher der Täter auf behördliche Anordnung in einer Anstalt verwahrt worden ist.[48]

Anders als bei der englischen „Limited" gibt es hierzulande freilich nicht den generellen Ausschlussgrund der Insolvenz des Geschäftsführers.[49] Auch Personen, die zahlungsunfähig sind oder über deren Vermögen ein Insolvenzverfahren läuft, können also Geschäftsführer einer GmbH werden. Die (wesentlich höhere) Grenze ist in Deutschland der Tatbestand des Bankrotts nach § 283 StGB.

Bei mehreren Geschäftsführern gilt gegenüber Dritten immer deren jeweilige Alleinvertretungsbefugnis,[50] es sei denn, etwas anderes ist im Handelsregister eingetragen.[51]

Die Geschäftsführer werden von der Gesellschafterversammlung bestimmt, die auch den Umfang der Geschäftsführungsbefugnis festlegt. Letzteres kann in der Satzung der GmbH und/oder in den Geschäftsführer-Anstellungsverträgen geregelt werden. Die Personalien der Geschäftsführer und der Umfang ihrer Vertretungsbefugnis werden im Handelsregister veröffentlicht.[52]

---

[48] vgl. Art. 1 Ziff. 4 MoMiG
[49] vgl. hierzu Degenhardt, Die „Limited" in Deutschland, S. 33
[50] § 37 Abs. 2 GmbHG
[51] § 8 Abs. 4 GmbHG
[52] § 10 Abs. 1 GmbHG

Unterschieden werden muss grundsätzlich zwischen der durch die Gesellschafterversammlung zu erfolgenden Bestellung bzw. der (grundsätzlich jederzeit möglichen[53]) Abberufung der Geschäftsführer und den jeweiligen Anstellungsverträgen. Letztere bestimmen lediglich das Innenverhältnis zwischen GmbH und Geschäftsführer und haben keine Wirkung gegenüber Dritten, insbesondere nicht im Hinblick auf eine dort erfolgte Beschränkung der Vertretungsmacht. Wird ein Geschäftsführer abberufen, dessen Arbeitsvertrag eigentlich noch nicht kündbar ist, hindert das die Wirksamkeit der Abberufung nicht, löst aber im Regelfall Gehaltfortzahlungs-, Schadenersatz- oder Abfindungsansprüche aus.

Die Geschäftsführer haben in den Angelegenheiten der Gesellschaft die Sorgfalt eines ordentlichen Geschäftsmannes anzuwenden.[54] Geschäftsführer, welche ihre Obliegenheiten verletzen, haften der Gesellschaft für den entstandenen Schaden; Insbesondere sind sie zum Ersatz verpflichtet, wenn die Vorschriften zum Kapitalerhalt verletzt wurden.[55] Dies ist wirtschaftlich im Grunde nichts als ein weiterer Fall der Durchgriffshaftung: Der Geschäftsführer einer Ein-Mann-GmbH verletzt die Vorschriften über den Kapitalerhalt,[56] die Gesellschaft gerät daraufhin in Insolvenz und der Insolvenzverwalter nimmt ihn persönlich in Anspruch.

4.2. Gesellschafterversammlung

Die Gesellschafterversammlung als zweites zwingendes Organ der GmbH wird von allen Gesellschaftern der GmbH gebildet.

---

[53] § 38 Abs. 1 GmbHG
[54] § 43 Abs. 1 GmbHG
[55] § 43 Abs. 3 GmbHG, vgl dazu im Einzelnen Kapitel III 6.1.3
[56] dazu im Einzelnen gleich, Ziff. 6.2.2

Sie entscheidet über:[57]

1. die Feststellung des Jahresabschlusses und die Verwendung des Ergebnisses;
2. die Einforderung von Einzahlungen auf die Stammeinlagen;
3. die Rückzahlung von Nachschüssen;
4. die Teilung sowie die Einziehung von Geschäftsanteilen;
5. die Bestellung und die Abberufung von Geschäftsführern sowie die Entlastung derselben;
6. die Maßregeln zur Prüfung und Überwachung der Geschäftsführung;
7. die Bestellung von Prokuristen und von Handlungsbevollmächtigten zum gesamten Geschäftsbetrieb;
8. die Geltendmachung von Ersatzansprüchen, welche der Gesellschaft aus der Gründung oder Geschäftsführung gegen Geschäftsführer oder Gesellschafter zustehen,
9. sowie die Vertretung der Gesellschaft in Prozessen, welche sie gegen die Geschäftsführer zu führen hat.

Weitere Aufgaben können ihr in der Satzung zugewiesen werden.

Die Durchführung der Gesellschafterversammlung ist aus Gründen der Rechtssicherheit stark formalisiert.[58] Die Einzelheiten werden darüber hinaus oftmals dezidiert in der Satzung geregelt, dies ist naturgemäß insbesondere dann wichtig, wenn die GmbH mehrere Gesellschafter besitzt, so dass Konflikte vorpro-

---

[57] § 46 GmbHG
[58] §§ 47-51b GmbHG

grammiert sind. Die Mindestrechte der Gesellschafterversammlung dürfen ihr freilich nicht entzogen werden[59].

In der „kleinen GmbH" wird dies oftmals nicht relevant sein, insbesondere im Fall einer Ein-Mann-GmbH spielt die Gesellschafterversammlung nur eine formale Rolle. Zu beachten ist aber in diesem Zusammenhang, dass im Fall der Ein-Mann-Gesellschaft zwingend über jede Beschlussfassung der Gesellschafterversammlung eine Niederschrift anzufertigen ist;[60] dies dient der Beweiserleichterung und der Nachvollziehbarkeit von Gesellschafterbeschlüssen für Dritte.

4.3. Beirat, Aufsichtsrat, Ausschüsse

Darüber hinaus besteht die Möglichkeit, neben den zwingenden Organen Geschäftsführer und Gesellschafterversammlung weitere Organe freiwillig zu implementieren, so z.B. einen Beirat, Aufsichtsrat oder einen Gesellschafterausschuss als vorbereitendes Gremium für Beschlüsse der Gesellschafterversammlung. Dies alles ist jedoch nur für große GmbHs mit vielen Gesellschaftern relevant.

5. Satzung

Der Gestaltung der Satzung einer GmbH kommt in der Praxis große Bedeutung zu. Dies gilt auch für die Konstellation einer Ein-Mann-GmbH, wo die Satzung ausnahmsweise kein Vertrag, sondern eine einseitige Erklärung zur Errichtung der Gesellschaft ist.

Die Satzung ist gewissermaßen die „Verfassung" der GmbH. Ihre Abfassung bedarf ebenso wie die spätere Änderung der Be-

---

[59] z.B. § 51a Abs. 3 GmbHG
[60] § 48 Abs. 3 GmbHG

schlussfassung durch die Gesellschafterversammlung[61] und der notariellen Beurkundung,[62] ist also mit Aufwand und Kosten verbunden. Umso wichtiger ist es, die Satzung von vorne herein so zu gestalten, dass auch später nur ein möglichst geringer Änderungsbedarf eintritt. Man sollte daher auch die Satzung der Ein-Mann-GmbH von vorne herein so abfassen, dass sie noch Bestand hat, wenn später ein weiterer Gesellschafter in die GmbH eintritt.

Die Satzung einer GmbH muss den folgenden Mindest-Inhalt aufweisen:[63]

1. die Firma und den Sitz der Gesellschaft,
2. den Gegenstand des Unternehmens,
3. den Betrag des Stammkapitals,
4. den Betrag der von jedem Gesellschafter auf das Stammkapital zu leistenden Einlage (Stammeinlage).

Darüber hinaus enthält sie in aller Regel noch viele weitere Elemente, etwa über die Abtretung und Einziehung von Geschäftsanteilen, über Besonderheiten in der Geschäftsführung und Vertretungsmacht, über das Verhältnis der Gesellschafter zueinander oder über Schiedsabreden.

In dem Anhang findet sich ein Satzungsmuster mit Alternativen für unterschiedliche Verwendungszwecke von der einfachen Ein-Mann-GmbH bis hin zur aufwendigeren Mehr-Personen-GmbH.[64] Dort werden die einzelnen Formulierungen und Klauseln ebenso wie alternative Regelungsmöglichkeiten besprochen.

---

[61] bei der Ein-Mann-GmbH beschließt der einzige Gesellschafter die Errichtung der Gesellschaft mit der betreffenden Satzung
[62] § 2 GmbHG
[63] § 3 GmbHG
[64] Kapitel VI 1

6. Einzelfragen

6.1. Stammkapital und Kapitalerhalt

Das Stammkapital stellt in der Praxis kleinerer Gewerbetreibender immer wieder das größte Problem auf dem Weg zu einer funktionierenden GmbH dar. Der Mindestbetrag stellt für viele eine Hürde dar, die aus Unkenntnis und oftmals auch in Folge falscher Beratung gerne gerissen wird mit der Folge, dass der Gründer anschließend mit leeren Händen da steht.

6.1.1. Mindest-Stammkapital

Zunächst: Jede GmbH ist vom Gründer mit einem Stammkapital zu versehen. Bei der GmbH sind dies zurzeit noch mindestens 25.000 Euro.[65]

Ab dem 01.01.2008 wird das Mindest-Stammkapital auf 10.000 Euro herabgesetzt.[66] Dies ist eine der wesentlichen und zentralen Änderungen des neuen GmbH-Rechts.

Sie ist auch längst überfällig, da in der Praxis das nominale Stammkapital jedenfalls bei kleinen Gesellschaften binnen kurzem nicht mehr für die Erfüllung von Verbindlichkeiten zur Verfügung steht. Das Ausland hat längst gezeigt, dass die Haftungsbeschränkung auf das Gesellschaftsvermögen keinesfalls zwingend mit einer hohen Stammkapitalausstattung korreliert. Das Gegenteil ist der Fall. Insofern kann der Schritt des Gesetzgebers, das Mindest-Stammkapital auf 10.000 Euro zu reduzieren, nur als halbherziger Schritt in die richtige Richtung angesehen werden. Hier hätte man getrost einen Schritt weiter gehen können und das Mindest-Stammkapital auf 1 Euro reduzieren können. Kleine GmbHs sind ohnehin in aller Regel nicht allein

---

[65] § 5 GmbHG
[66] Art. 1 Ziff. 3 MoMiG

kreditwürdig und wer will, kann seine GmbH ja ohne weiteres mit höherem Stammkapital versehen. Zusammen mit der erweiterten Publizität elektronischer Handelsregister ist dem Schutzbedürfnis Dritter ausreichend Rechnung getragen. Wer mit einer GmbH kontrahiert, rechnet auch heute regelmäßig nicht mit nennenswerter Haftungsmasse. So gesehen ist der Gesetzgeber leider auf halbem Wege stehen geblieben.

6.1.2. Stückelung, Halten mehrerer Geschäftsanteile durch einen Gesellschafter

Bislang muss jede Stammeinlage mindestens 100 Euro betragen und darf nur in Einheiten von 50 Euro aufgeteilt werden. Ab 2008 ist vorgesehen, dass jeder Geschäftsanteil nur noch auf einen Betrag von mindestens einem Euro lauten muss. Vorhandene Geschäftsanteile können künftig leichter gestückelt werden.

Die Flexibilisierung setzt sich bei der Übertragung von Geschäftsanteilen fort. Sie wird erleichtert. So soll das Verbot, bei der Errichtung der Gesellschaft mehrere Geschäftsanteile zu übernehmen (§ 5 Abs. 2 GmbHG), aufgehoben werden. Dieses Verbot stellt ein unnötiges bürokratisches Hemmnis dar. Auch das Verbot, mehrere Teile von Geschäftsanteilen gleichzeitig an denselben Erwerber zu übertragen (§ 17 GmbHG), soll fallen.[67]

6.1.3. Aufbringung und Erhalt des Stammkapitals

Dieses Stammkapital ist in der Regel in bar aufzubringen. Die auch mögliche Sachgründung ist wegen der damit verbundenen Bewertung der eingebrachten Sachen oder Rechte noch zeitaufwändiger und teurer.[68] Sie ist allenfalls dann eine Alternative, wenn man Zeit und z.B. ein unbelastetes Grundstück hat, das

---

[67] Art. I Ziff. 3 MoMiG
[68] § 8 Abs. 1 Nr. 5 GmbHG

den Wert des Stammkapitals klar übersteigt. Doch auch hier gilt: wer will schon ein Grundstück einer kleinen GmbH zur Verfügung stellen? Auch da ist es zumeist besser, das Grundstück zu beleihen und mit dem Darlehen eine Bargründung vorzunehmen.[69]

Wird die Gründung durch mehr als einen Gesellschafter vorgenommen, genügt es, zunächst nur ein Viertel des jeweiligen Stammkapitals, mindestens jedoch 12.500 Euro (ab 01.01.2008: 5.000 Euro), einzuzahlen. Der Rest ist erst bei Anforderung durch die Gesellschaft fällig,[70] die freilich unverzüglich zu erfolgen hat, wenn die Gesellschaft das Kapital benötigt. In Höhe des nicht eingezahlten Kapitals haften alle Gesellschafter füreinander persönlich.[71]

Auch der Gründer einer Ein-Mann-GmbH kann von dieser Regelung profitieren, er muss jedoch derzeit noch zusätzlich der Gesellschaft eine werthaltige Sicherung in Bezug auf den ausstehenden Teil des Stammkapitals stellen.[72] Dieses Erfordernis der werthaltigen Absicherung entfällt ab 2008 ebenfalls ersatzlos und erleichtert die Ein-Mann-Gründung erheblich.

In der Praxis werden immer wieder phantasievoll alle möglichen Wege beschritten, der Gesellschaft dieses teure Stammkapital sogleich wieder zu entziehen. Der beliebteste: Unmittelbar nach Eintragung ins Handelsregister gewährt sich der Gesellschafter ein Darlehen in Höhe des restlichen Stammkapitals. Oder: Er bringt überteuerte Wirtschaftsgüter in die GmbH ein und lässt sich dafür über Gebühr bezahlen. Oder: Er schließt Arbeitsverträge zu unmöglichen Konditionen ab, die dazu führen, dass bereits nach ein paar Monaten das Stammkapital aufgezehrt ist. Die Beispiele ließen sich endlos verlängern, indes: Dies funktioniert so nicht. Wie heißt es im Gesetz:

---

[69] Einzelheiten zur Sachgründung siehe Ziff. IV 6
[70] § 7 Abs. 2 GmbHG
[71] § 24 GmbHG
[72] § 7 Abs. 2 GmbHG

> *„Das zur Erhaltung des Stammkapitals erforderliche Vermögen der Gesellschaft darf an die Gesellschafter nicht ausbezahlt werden"*[73]

Spätestens im Insolvenzfall (der auf diese Weise schnell eintritt) wird der Verwalter alles zurückverlangen[74] und eine Haftungsbeschränkung auf das (nicht vorhandene) Vermögen der GmbH tritt auf diese Weise auch nicht ein. Schlimmer noch: Jeder Gesellschafter haftet insoweit auch persönlich für seinen Mitgesellschafter,[75] also auch für Beträge, die er gar nicht erhalten hat! Bei dem Ergebnis hätte man sich den Gründungsaufwand sparen können. Und: Wer eine GmbH durch einen Treuhänder („Strohmann") gründen lässt, muss sich so behandeln lassen, als wenn er selber Gesellschafter wäre.[76] Auch Zahlungen an nahe stehende Dritte (die Ehefrau erhält ein stattliches Gehalt, kennt aber nicht mal die Büroadresse) helfen nichts, sobald zwischen dem Zahlungsempfänger und dem Gesellschafter eine so genannte „qualifizierte Nähe" festzustellen ist.[77]

Was kann man also tun, außer zu zahlen und das Geld auf dem Konto der GmbH zu belassen? Die absolute Grenze, die nicht unterschritten werden darf, ist die des nominellen (in der Satzung festgeschriebenen) Stammkapitals, dessen Bestand nach Bilanzierungsgrundsätzen (ggf. per Zwischenbilanz) festgestellt wird. Ist dessen Bestand nicht mehr gewährleistet, verbietet § 30 GmbHG bisher jegliche Zahlungen an Gesellschafter der GmbH.

Neu ab 2008 ist hier folgende Erleichterung:

> *Wird das Stammkapital durch eine Vorleistung aufgrund eines Vertrags mit einem Gesellschafter angegriffen, so gilt das Verbot des Satzes 1 nicht, wenn die Leistung im Interes-*

---

[73] § 30 Abs. 1 GmbHG
[74] § 31 GmbHG
[75] § 31 Abs. 3 GmbHG
[76] BGH NJW 91, 1058
[77] Vgl. Altmeppen in Roth/Altmeppen, GmbHG, § 30 Rz. 31

se der Gesellschaft liegt. Satz 1 ist zudem auf die Rückgewähr eines Gesellschafterdarlehens auch dann nicht anzuwenden, wenn das Darlehen der Gesellschaft in einem Zeitpunkt gewährt worden ist, in dem Gesellschafter der Gesellschaft als ordentliche Kaufleute Eigenkapital zugeführt hätten; gleiches gilt für Leistungen auf Forderungen aus Rechtshandlungen, die einer solchen Darlehensgewährung wirtschaftlich entsprechen. [78]

Diese Einschränkung des Eigenkapitalschutzes der GmbH ab 2008 ist von erheblicher Bedeutung, und zwar nicht nur für neue GmbHs, sondern auch für bereits gegründete Gesellschaften. Die Möglichkeiten, einer GmbH als Gesellschafter Stammkapital ohne Konsequenzen wie Durchgriffshaftung oder Erstattungspflicht entziehen zu können, werden nunmehr erheblich erweitert. Denn: Was im Interesse der Gesellschaft liegt, lässt sich nur schwer exakt bestimmen und unterliegt einem weiten Beurteilungsspielraum.

Dies betrifft nicht nur vorläufig oder dauerhaft einseitige Leistungen wie Darlehen, Schenkungen oder Ähnliches, sondern auch Leistungen im Rahmen von zweiseitigen Verträgen. Bislang müssen sich auch Austauschverträge zwischen Gesellschaft und Gesellschafter immer an folgenden Kriterien messen lassen:

- Geschäfte zwischen Gesellschaftern und der Gesellschaft müssen hinsichtlich von Leistung und Gegenleistung immer den gleichen Kriterien standhalten, wie sie im Verhältnis zu fremden Dritten gelten (sog. „Drittvergleich").[79]

- Hat die GmbH nur einen Gesellschafter und ist der auch noch Geschäftsführer, muss er von den Beschränkungen

---

[78] Ziff. 11 MoMiG
[79] OLG Celle NJW 93, 739

des § 181 BGB (Verbot der Eigen- und Fremdvertretung in einer Angelegenheit) befreit sein.[80]

- In dem Fall muss auch zwingend eine unverzügliche Niederschrift über das Geschäft gefertigt werden.[81]

Die Neuregelung ab 2008 schafft hier erhebliche Erleichterungen, deren genauer Umfang aber erst dann klarer fassbar wird, wenn die Rechtsprechung sich der Neuregelung annimmt. So ist aber z.B. denkbar, dass zukünftig auch eine höhere als übliche Geschäftsführervergütung zulässig ist, auch wenn deren Zahlung das Stammkapital angreift, wenn die besonderen Umstände (besondere Kenntnisse des Geschäftsbereiches etc.) diese als für die Gesellschaft vorteilhaft erscheinen lassen. Gerade bei kleinen Gesellschaften, wo die Tätigkeit des Gesellschafters oftmals von existentieller Bedeutung ist, lässt sich dies oftmals begründen.

Bislang ist es so, dass nur dann, wenn Leistung und Gegenleistung sich entsprechen, wenn also eine vollwertige Gegenleistung erfolgt, Zahlungen aufgrund und im Rahmen dieser Verträge nicht gegen § 30 GmbHG verstoßen, auch wenn die sonstigen Voraussetzungen vorliegen.[82] Hinzu kommt, dass im Zweifel eine Vermutung dafür spricht, wonach im Verhältnis Gesellschafter/Gesellschaft ein tatsächliches Missverhältnis der Leistungen besteht, das der Gesellschafter zu widerlegen hat.[83] Es besteht also zurzeit noch Anlass, das Verhältnis von Leistung und Gegenleistung sehr zurückhaltend anzusetzen. Dies ändert sich aber innerhalb der genannten Grenzen ab Anfang 2008 für alle GmbHs, also auch für bestehende Gesellschaften.

Von großer Bedeutung ist ferner die Aufhebung des zurzeit noch bestehenden Verbotes, Gesellschafterdarlehen zurückzuzahlen, auch wenn diese Eigenkapital ersetzenden Charakter haben. Der

---

[80] § 35 Abs. 4 GmbHG, Formulierungsvorschlag unter Ziff. VI 1
[81] § 35 Abs. 4 GmbHG
[82] BGH NJW 92, 2984; Einzelheiten bei Hueck, GmbHG, § 30 Rz. 7
[83] FG Hamburg GmbHR 97,226

Tatbestand des Eigenkapitalersatzes ist immer dann gegeben, wenn ein ordentlicher Kaufmann der Gesellschaft Eigenkapital zugeführt hätte, anstatt ihr ein Darlehen zu gewähren. Bislang ist die Rückzahlung eines solchen Darlehens nach § 30 GmbHG untersagt, sofern hierdurch das zur Erhaltung des Stammkapitals erforderliche Vermögen gemindert würde, was regelmäßig der Fall ist. Ab 2008 ändert sich dies.

Diese Änderung ist von ungleich größerer Bedeutung für bereits bestehende GmbHs, bei denen in der Vergangenheit Gesellschafter der GmbH ein Darlehen gewährt haben. Die Rückzahlung dieser Alt-Darlehen unterliegt zukünftig nicht mehr den geschilderten Restriktionen.

Halten die Geschäfte aber auch diesen neuen (zukünftigen) Kriterien nicht stand, so handelt es sich um verdeckte Ausschüttungen, die auch nach 2008 noch unter das Verbot des § 30 GmbHG fallen. Dies kann z.B. bei weit überhöhten Geschäftsführerbezügen[84], überhöhten Tantiemen[85], überhöhten Kaufpreisen für eingebrachte Wirtschaftsgüter (Autos, Büroausstattung)[86] oder nicht marktüblichen Darlehens- oder Mietzinsen[87] der Fall sein.

Der Gründer kann natürlich auch den entgegen gesetzten Weg nehmen und das Stammkapital höher als vom Gesetzgeber verlangt ansetzen; er sollte hier jedoch angesichts der strengen Vorschriften über eine spätere Kapitalherabsetzung zurückhaltend sein und dies nur dann tun, wenn er sicher ist, diese Kapital auch in der GmbH zu benötigen[88].

---

[84] BGH NJW 82, 2894
[85] OLG Hamburg NJW 2000, 839
[86] OLG Celle NJW 93, 739
[87] Altmeppen in Roth/Altmeppen, GmbHG, § 30 Rz. 31
[88] §§ 58 ff. GmbHG

6.2. Haftungsbegrenzung, Durchgriffshaftung

Damit sind wir im Grunde beim wichtigsten Thema: Wird eine GmbH richtig gegründet und geführt, findet eine Beschränkung der Haftung auf das Gesellschaftsvermögen statt.[89] Die Privatvermögen der Gesellschafter oder des Geschäftsführers haften also nicht für Verbindlichkeiten der Gesellschaft.

6.2.1. Vertragliche Haftung des Gesellschafters

Dies betrifft vor allem Ansprüche von Geschäftspartnern der Gesellschaft. Wer in einer schadensgeneigten Branche arbeitet (z.B. Gebrauchtwagenhändler, aber auch so mancher Handwerker), kommt auch als Mittelständler um eine Konstruktion, die ihn persönlich von der Haftung freistellt, kaum herum. Hierzu ist die GmbH, wie dargestellt, gut geeignet.

Das Prinzip der Haftungsbeschränkung funktioniert allerdings in der Praxis nicht bei langfristig angelegten, strukturellen Geschäftsbeziehungen. Leiht eine Bank einer kleineren GmbH Geld, so tut sie dies so gut wie nie, ohne die Gesellschafter vertraglich in Mit-Haftung zu nehmen. Und der Automobilhersteller, der mit einer GmbH einen Händlervertrag schließt, gibt sich ebenfalls nicht mit deren Haftungsmasse zufrieden. Er verlangt eine Bürgschaft der Gesellschafter und sichert seine Forderungen meist noch wesentlich stringenter ab (z.B. durch Grundschulden auf das Betriebsgrundstück). Die Haftungsbeschränkung entfaltet daher ihre schützende Wirkung vor allem im Kundenverkehr, allerdings auch dort nicht ausnahmslos, wie wir gleich sehen.

Die Neuregelung des Rechts der GmbH ab 2008 hat auf diese Punkte keinen wesentlichen Einfluss, wenn überhaupt, wird die Absenkung der Mindest-Stammkapitalgrenzen eher dazu führen, die Kreditwürdigkeit der GmbH noch geringer als zuvor

---

[89] § 13 Abs. 2 GmbHG

einzuschätzen. Dies wird sich in der Praxis aber kaum in maßgeblicher Weise auswirken.

6.2.2. Durchgriffshaftung

Das deutsche Recht kennt – als Ausfluss unserer strengen Kapitalisierungsvorschriften – eine Reihe von Tatbeständen, wonach Gesellschafter einer Kapitalgesellschaft systemwidrig – entgegen der Regelung in § 13 Abs. 2 GmbHG - persönlich für deren Verbindlichkeiten haften. Diese vieldiskutierten von der Rechtsprechung entwickelten Fallgruppen werden unter dem Begriff „Durchgriffshaftung" bzw. „Haftungsdurchgriff" zusammengefasst.[90] Die Grenzen der Durchgriffshaftung sind oftmals unklar, da es sich um reines Richterrecht handelt, dessen Entwicklung nicht abgeschlossen ist.

Gleichwohl lässt sich folgendes sagen:

Ein Gesellschafter haftet für Verbindlichkeiten seiner GmbH, wenn er keine klaren Grenzen zwischen seinem Privat Vermögen und dem der GmbH zieht (Fallgruppe der sog. Vermögensvermischung[91]). Die Vermögen müssen „ununterscheidbar" vermischt sein[92], wobei eine undurchsichtige oder unklare Buchführung bei der GmbH genügt[93]. Auch dieser Tatbestand hat eine subjektive Komponente, der Gesellschafter muss diese Vermögensvermischung veranlasst, mindestens jedoch zugelassen haben.

Ob hingegen allein die materielle Unterkapitalisierung einer GmbH ausreicht, um eine Durchgriffshaftung zu begründen, wird kontrovers diskutiert. Vielfach wird vertreten, dass eine eindeutig und klar erkennbar unzureichende Eigenkapitalaus-

---

[90] lehrreich: Altmeppen in Roth/Altmeppen, GmbHG, Anh. 13
[91] grundlegend: BGHZ 31, 270; 125, 366
[92] BGH NJW 85, 637
[93] BGH NJW 94, 1801

stattung der Gesellschaft, die einen Misserfolg zulasten der Gläubiger bei normalem Geschäftsverlauf mit hoher Wahrscheinlichkeit erwarten lässt, alleine ausreicht, um eine Durchgriffshaftung in das Privatvermögen des Gesellschafters zu rechtfertigen.[94] Die zivile Rechtsprechung verlangt freilich auch hier eine subjektive Komponente, wonach eine zielgerichtete sittenwidrige Gläubigerbenachteiligung im Sinne von § 826 BGB gewollt sein muss,[95] die man in der Praxis nur selten nachweisen kann. Hinzu kommt, dass der Gesetzgeber ab 2008 die Anforderungen an die Mindestkapitalausstattung von Unternehmen bewusst senkt. In der Begründung zum Gesetzentwurf heißt es hierzu, dass man die Vorschriften über das Mindestkapital nunmehr den tatsächlichen Verhältnissen anpassen wolle.[96] Daraus folgt, dass man in Zukunft wohl noch weniger denn je von einer materiellen Unterkapitalisierung bei einer kleinen GmbH ausgehen kann.

Allein unter dem Gesichtspunkt der missbräuchlichen Verwendung der Rechtsform einer GmbH lässt sich wohl ebenfalls keine Durchgriffshaftung konstruieren,[97] hinzukommen muss – außer in den Fällen der Vermögensvermischung – immer eine zielgerichtete und einzelfallbezogene Gläubigerbenachteiligung.[98]

Und natürlich findet die Durchgriffshaftung auch immer dann statt, wenn mit der GmbH vordergründig betrügerische Absichten oder andere strafrechtlich relevante Tatbestände verbunden werden.[99] In all diesen Fällen haftet der Gesellschafter voll und unbeschränkt für alle Verbindlichkeiten der Gesellschaft, eine

---

[94] Hachenburg/Ulmer, GmbHG, Anh. § 30 Rz. 55 m.w.N.
[95] BGH NJW-RR 88, 1181
[96] S.4 Abs. 3 des Entwurfes vom 15.04.2005
[97] so aber das BSG (NJW 84, 2117) im Fall eines einseitig auf die Gläubiger verlagerten Risikos in Verbindung mit einer eindeutigen Unterkapitalisierung der GmbH
[98] Altmeppen in Roth/Altmeppen, GmbHG, Anh. 13
[99] vgl. Ebert/Levedag, GmbHR 2003, S. 1340

Selbstverständlichkeit, die in gleicher Weise für alle in- und ausländischen Kapitalgesellschaften gilt.

Es wurde bereits darauf hingewiesen, dass die Ein-Mann-GmbH für die Tatbestände der Durchgriffshaftung außerordentlich anfällig ist.[100] Das gilt in besonderem Maß für die Vermischung von Gesellschafts- mit Gesellschaftervermögen. Wo keine gesellschaftsinterne Kontrollinstanz existiert, ist der Schritt zum - absichtlichen oder unabsichtlichen – Missbrauch der Rechtsform nicht fern. Wer also vom Haftungsprivileg der GmbH profitieren möchte, muss daher in jeder Phase immer so handeln, wie dies unter Fremden der Fall wäre. Das gilt selbst dann, wenn der Geschäftsführer einer Ein-Mann-GmbH vom Verbot des Selbstkontrahierens befreit ist, er also zivil- und handelsrechtlich befugt ist, eigene Rechtsgeschäfte mit der GmbH abzuschließen. Die GmbH verfügt trotz alledem über eine eigene Rechtspersönlichkeit und muss immer als solche behandelt werden.

So müssen alle Zahlungsvorgänge zwischen Gesellschaft, Gesellschafter und Geschäftsführer vollständig und für jedermann nachvollziehbar dokumentiert werden, es darf zu keinem Zeitpunkt der Verdacht der Verschleierung oder der fehlenden Vermögenstrennung aufkommen. Zahlungen an Gesellschafter ohne Rechtsgrund (der Porsche der Ehefrau wird auf Kosten der GmbH repariert) oder gar die Nutzung des Kontos der GmbH für laufende private Zwecke (etwa, weil der Gesellschafter über gar kein privates Konto verfügt) lösen rasch die unmittelbare Durchgriffshaftung aus und konterkarieren damit die mit der Errichtung der GmbH verbundenen Ziele.

6.3. Anonymität

Ein häufiges Motiv zur Nutzung von Kapitalgesellschaften ist deren Anonymität. Rechtliche Selbständigkeit, vom Namen der

---

[100] Kapitel III 3.3

Gesellschafter losgelöste Firma, all das verleitet schnell zu der Annahme, hier könne man handeln, ohne erkannt zu werden.

Das freilich funktioniert nicht so einfach. Selbst zur einfachsten Ein-Mann-GmbH gehört immer eine natürliche Person, deren Identität im Handelsregister für jedermann ersichtlich offen gelegt wird. Natürlich kann man auch hier einen Strohmann vorschieben, der die Anteile auf fremde Rechnung hält und den Geschäftsführer mimt, indes ließe sich dies rechtlich wasserdicht (nämlich so, dass Hintermann jederzeit und einseitig wieder vollen Zugriff auf Anteil und Geschäftsführung nehmen kann, falls der Strohmann sich auf Abwege begibt) nur durch einen notariell beurkundeten Treuhandvertrag ausgestalten,[101] was nicht nur teuer und aufwendig, sondern auch im Hinblick auf die beabsichtigte Anonymität kontraproduktiv wäre. Man kann die Dinge wegen der Beurkundungspflicht nicht auf das Verhältnis Treugeber-Treunehmer beschränken, es sei denn, man wäre mit einer Lösung zufrieden, die man im Streitfall nicht durchsetzen könnte, wozu man niemandem raten kann. Die isolierte GmbH eignet sich daher kaum zum anonymen Handeln, will man sich nicht von der Person des Strohmanns und seinen Launen abhängig machen. Hinzu kommt, dass die Rechtsprechung den Strohmann als faktischen Gesellschafter ansieht,[102] der seinerseits allen gesellschaftsrechtlichen Bindungen und Verpflichtungen (einschließlich der Durchgriffshaftung!) unterliegt.

Ab dem 01.01.2008 ergeben sich weit reichende Änderungen zugunsten einer weiteren Transparenz in Bezug auf die Gesellschafter:

Im Verhältnis zur Gesellschaft gilt als Gesellschafter nur, wer als solcher in der zum Handelsregister eingereichten

---

[101] § 15 Abs. 3 GmbHG verlangt die notarielle Beurkundung von Anteilsübertragungen. Dies erstreckt sich auf den Treuhandvertrag, wenn dieser – wie unbedingt sinnvoll – die Rückübertragung des Anteils an den Hintermann vorsieht.

[102] BGH WM 77, 73

Gesellschafterliste eingetragen ist. Die Änderung der Liste durch die Geschäftsführer erfolgt auf Mitteilung und Nachweis.

Für die zur Zeit der Einreichung der Gesellschafterliste zum Handelsregister (§ 40 Abs. 1 Satz 1) rückständigen Leistungen auf den Geschäftsanteil haftet der Erwerber neben dem Veräußerer.

Zugunsten desjenigen, der einen Geschäftsanteil oder ein Recht daran durch Rechtsgeschäft erwirbt, gilt der Inhalt der Gesellschafterliste insoweit als richtig, als die den Geschäftsanteil betreffende Eintragung im Zeitpunkt des Erwerbs seit mindestens drei Jahren unrichtig in der Gesellschafterliste enthalten und kein Widerspruch zum Handelsregister eingereicht worden ist. Dies gilt nicht, wenn dem Erwerber die Unrichtigkeit bekannt ist.[103]

Nach dem Vorbild des Aktienregisters soll künftig auch bei der GmbH nur derjenige als Gesellschafter gelten, der in die Gesellschafterliste eingetragen ist. So können Geschäftspartner der GmbH lückenlos und einfach nachvollziehen, wer hinter der Gesellschaft steht. Veräußerer und Erwerber von Gesellschaftsanteilen erhalten den Anreiz, die Gesellschafterliste aktuell zu halten. Der eintretende Gesellschafter erhält einen Anspruch darauf, in die Liste eingetragen zu werden. Weil die Struktur der Anteilseigner transparenter wird, lassen sich Missbräuche wie zum Beispiel Geldwäsche besser verhindern.

Die rechtliche Bedeutung der Gesellschafterliste wird noch in anderer Hinsicht deutlich ausgebaut: Die Gesellschafterliste dient als unmittelbarer Anknüpfungspunkt für einen gutgläubigen Erwerb von Geschäftsanteilen. Wer einen Geschäftsanteil erwirbt, soll ab 2008 darauf vertrauen dürfen, dass die in der Gesellschafterliste verzeichnete Person auch tatsächlich Gesellschafter ist. Ist eine Eintragung in die Gesellschafterliste für mindestens drei Jahre unbeanstandet geblieben, so gilt der Inhalt der

---

[103] vgl. Art. I 8 MoMiG

Liste dem Erwerber gegenüber als richtig. Das schafft mehr Rechtssicherheit und senkt die Transaktionskosten. Bislang geht der Erwerber eines Geschäftsanteils das Risiko ein, dass der Anteil einem anderen als dem Veräußerer gehört. Die Neuregelung führt zu einer erheblichen Erleichterung für die Praxis bei Veräußerung von Anteilen älterer GmbHs.

6.4. Mehrstöckige GmbH, Konzern

Eine besondere Spielart der GmbH ist die mehrstöckige GmbH, also eine GmbH, an der eine oder mehrere GmbHs (oder andere juristische Personen) beteiligt sind, aber zunächst keine natürlichen Personen. Die Gründe für die Wahl derartiger Konstruktionen sind vielfältig und meist nicht im Gesellschaftsrecht, sondern im Konzernsteuerrecht verwurzelt und interessieren uns daher an dieser Stelle nicht.

6.4.1. Cash-Pooling

Auf eine diese Form der Gesellschaften betreffende Änderung im GmbH-Recht ab 2008 soll an dieser Stelle hingewiesen werden, auch wenn sie für den typischen Existenzgründer kaum von Bedeutung ist:

Durch die veränderte Fassung des § 30 GmbHG (neu) soll das bei der Konzernfinanzierung international gebräuchliche Cash-Pooling gesichert und auf eine verlässliche Rechtsgrundlage gestellt werden. Cash-Pooling ist ein Instrument zum Liquiditätsausgleich zwischen den Unternehmensteilen im Konzern. Dazu werden Mittel von den Tochtergesellschaften an die Muttergesellschaft zu einem gemeinsamen Cash-Management geleitet. Im Gegenzug erhalten die Tochtergesellschaften Rückzahlungsansprüche gegen die Muttergesellschaft. Obwohl das Cash-Pooling als Methode der Konzernfinanzierung als ökonomisch sinnvoll erachtet wird, ist auf Grund der neueren Rechtsprechung des

Bundesgerichtshofes zu § 30 GmbHG in der Praxis eine Rechtsunsicherheit über dessen Zulässigkeit entstanden.

Die Neufassung ab 2008 trägt dieser Rechtsprechung Rechnung und gibt der Praxis gleichzeitig die nötige Klarheit; die Kapitalerhaltungsgrundsätze werden beibehalten. Es wird eine Regelung vorgeschlagen, die über das Cash-Pooling hinausreicht und alle Fälle von Krediten der Gesellschaft an ihre Gesellschafter erfasst. Das Cash-Pooling ist demnach zulässig, wenn es im Interesse der Gesellschaft (nicht der Konzernmutter oder im Interesse anderer Konzerngesellschaften!) liegt.

Zwei weitere Aspekte verdienen im Zusammenhang mit der Konzern-GmbH Beachtung, nämlich die Gesichtspunkte der Anonymität und der Durchgriffshaftung.

6.4.2. Anonymität

Es wurde bereits dargestellt, dass sich insbesondere GmbHs nicht dazu eignen, anonym zu handeln.[104] Ab 2008 gilt dies noch verstärkt.

Wer Geschäftsführer ist, steht als solcher im Handelsregister und auch die Personalien der Gesellschafter werden beim Register hinterlegt. Dennoch kann dem Wunsch nach Anonymität bei einer mehrstöckigen Konstruktion eher entsprochen werden als bei einer einstöckigen, insbesondere dann, wenn eine ausländische juristische Person (z.B. eine englische „Limited") Allein-Gesellschafterin einer GmbH ist. Diese ist wegen ihrer einfacheren Struktur besser als die deutsche GmbH geeignet, legal von Treuhändern gegründet und verwaltet zu werden,[105] so dass die natürliche Person so verhältnismäßig einfach vor den Augen der neugierigen Öffentlichkeit verborgen werden kann.

---

[104] siehe Kapitel 6.3
[105] vgl. Degenhardt, Die „Limited" in Deutschland, S. 46 f.

Dies darf freilich nicht darüber hinwegtäuschen, dass freilich gerade bei kleinen GmbHs doch recht schnell offensichtlich wird, wer der tatsächliche Hintermann ist: Denn die zentrale Position des Geschäftsführers mit einem Strohmann zu besetzen, kann man niemandem ernsthaft raten.

6.4.3. Durchgriffshaftung im Konzern

Ein weiterer interessanter Aspekt im Zusammenhang mit der mehrstöckigen GmbH ist die Durchgriffshaftung.[106] Was, so könnte man argumentieren, bedroht mich die Durchgriffshaftung in einer GmbH, wenn deren Gesellschafterin eine (bettelarme) „Limited" im fernen England ist? Die noch dazu selber so etwas Unangenehmes wie Unterkapitalisierung gar nicht kennt und deshalb den weiteren Durchgriff auf die hinter ihr stehende natürliche Person jedenfalls aus diesem Grund kaum zulassen würde?[107]

Doch so einfach ist es nicht. Wo die Durchgriffshaftung an das Handeln einer natürlichen Person anknüpft (etwa bei Vermögensstraftaten, die mittels der GmbH begangen werden, z.B. Anlagebetrug), kommt es auf das juristische Konstrukt überhaupt nicht an, hier haftet der Handelnde als Täter persönlich, egal, ob er unmittelbar oder nur mittelbar an der GmbH beteiligt ist.

Anders ist dies unter Umständen bei den Sachverhalten der Durchgriffshaftung, die einen eher gesellschaftsbezogenen Charakter habe wie z.B. dem Tatbestand der Vermögensvermischung.[108] Dort muss man in der Tat die Frage stellen, ob sich die Durchgriffshaftung nicht tatsächlich in der Haftung der Gesell-

---

[106] dazu im Einzelnen: Kapitel 6.2.2
[107] In der „Limited" findet nur eine sehr beschränkte Durchgriffshaftung auf die Gesellschafter statt, die sich noch dazu ausschließlich nach ihrem Heimatrecht richtet. Näheres vgl. Degenhardt, Die „Limited" in Deutschland, S. 45 ff (ISBN: 3-937686-43-6)
[108] siehe oben Kapitel 6.2.2

schafterin, also der „Limited", erschöpft, zumal eine vergleichbare Rechtsprechung für die „Limited" in ihrer Heimat nicht existiert.

In der Theorie ist dies zwar richtig, in der Praxis wird so etwas aber nur funktionieren, wenn die Vermögensvermischung allein auf der Ebene GmbH – Limited stattgefunden hat, der Gesellschafter der Limited hieran also nicht beteiligt war. Das freilich dürfte lebensfremd sein. Wer aber als Gesellschafter der Limited von der Vermögensvermischung profitiert, dürfte nach den Grundsätzen der Treuhänderschaft [109] unmittelbar der Durchgriffshaftung ausgesetzt sein, auch wenn es hierzu noch keine eindeutige Rechtsprechung gibt. Und: Wer die Limited wählt, um mit ihr zielgerichtet der deutschen Durchgriffshaftung zu entgehen, verwirklicht meist den Tatbestand der vorsätzlichen sittenwidrigen Gläubigerschädigung (§ 826 BGB) und haftet schon von daher immer persönlich.

---

[109] siehe oben Kapitel 6.2.2; BGH WM 77, 73

IV. GRÜNDUNG EINER GMBH

Verschiedene Wege führen zur eigenen GmbH. Man kann sie gründen, man kann eine Vorratsgesellschaft kaufen und man kann eine schon seit längerem existierende „gebrauchte" GmbH übernehmen. Alle diese Wege haben ihre Vor- und Nachteile, die im Folgenden diskutiert werden.

Die Neugründung einer GmbH ist der preiswerteste Weg zu einer solchen Gesellschaft. Er hat darüber hinaus den Vorteil, dass man die gesamte Gründung wie eine Schwangerschaft begleiten kann und so frühzeitig mit den Besonderheiten seiner GmbH vertraut wird. Außerdem ist das Durchleben einer solchen Gründungsphase für den in Bezug auf eine GmbH unerfahrenen Unternehmer durchaus lehrreich. Wer glaubt, im Anschluss mit seiner GmbH nach Belieben verfahren zu können, wird bereits in der Gründungsphase eines besseren belehrt.

Bislang kann die Gründung einer GmbH vom ersten bis zum letzten Schritt – der Eintragung der Gesellschaft ins Handelsregister – aber auch ebenso lang wie eine Schwangerschaft dauern. Mit einer Mindestdauer von zwei Monaten muss man immer rechnen, sechs Monate sind oftmals realistisch und manchmal werden eben Kinder schneller als GmbHs geboren.[110]

1. Beschleunigung der Gründung ab 2008

Eine der zentralen Neuerungen des GmbH-Rechts ab 2008 besteht in der Beschleunigung der Gesellschaftsgründung. Vor dem geschilderten Hintergrund der gegenwärtigen Verfahrensdauer und dem Umstand, dass die Haftungsbeschränkung erst

---

[110] Für die Gründung einer „Limited" wird in England für einen geringen Mehrpreis ein „Über-Nacht"-Service angeboten – die Gründung erfolgt also binnen 24 Stunden.

mit Eintragung der Gesellschaft in das Handelsregister eintritt, sie also im Regelfall auch erst dann genutzt werden kann, ist dies gemeinsam mit der Absenkung des Mindest-Stammkapitals auf 10.000 Euro der zentrale Punkt der GmbH-Reform 2008. Er geht einher mit der Einführung elektronischer Handelsregister.[111]

Folgendes soll ab 2008 im Einzelnen geändert werden, um die Eintragung zu beschleunigen:

1.1. Eintragung auch ohne staatliche Genehmigung

So soll künftig das Erfordernis entfallen, bei der Anmeldung die staatliche Genehmigung vorzulegen. Vielmehr soll die Versicherung ausreichen, dass die Genehmigung beantragt wurde. Die Genehmigung kann nachgereicht werden. Um die Handelsregistereintragung von Gesellschaften zu erleichtern, deren Unternehmensgegenstand genehmigungspflichtig ist, wird das Eintragungsverfahren von der verwaltungsrechtlichen Genehmigung abgekoppelt.

Das betrifft zum Beispiel Handwerks- und Restaurantbetriebe oder Bauträger, die eine gewerberechtliche Erlaubnis brauchen. Bislang kann eine solche Gesellschaft nur dann in das Handelsregister eingetragen werden, wenn bereits bei der Anmeldung zur Eintragung die staatliche Genehmigungsurkunde vorliegt.[112]

Das langsamste Verfahren bestimmt also das Tempo. Zukünftig soll anstelle der Genehmigung die Versicherung genügen, dass die Genehmigung bei der zuständigen Stelle beantragt worden ist. Damit keine Gesellschaften ohne Betriebsgenehmigung dauerhaft im Handelsregister verzeichnet sind, muss die Erteilung der Genehmigung innerhalb von drei Monaten nach der Eintra-

---

[111] Entwurf eines Gesetzes über elektronische Handelsregister und Genossenschaftsregister sowie das Unternehmensregister, BT-Drucks. 16/960 („EHUG")
[112] § 8 Abs. 6 GmbHG

gung beim Registergericht nachgewiesen werden. Andernfalls ist die Gesellschaft von Amts wegen zu löschen.[113] Dadurch wird die Gründung erheblich beschleunigt.

1.2. Umstellung auf elektronische Register

Hinzu kommt, dass nach dem EHUG [114] Handels-, Genossenschafts- und Partnerschaftsregister zum 1. Januar 2007 auf den elektronischen Betrieb umgestellt werden.

Die zur Gründung der GmbH erforderlichen Unterlagen können künftig grundsätzlich nur noch elektronisch beim Handelsregister eingereicht werden. Eine notarielle Beglaubigung der Anmeldungen bleibt erforderlich, kann aber ebenfalls elektronisch erfolgen. Der Notar übermittelt die Anmeldung und die weiteren Dokumente über das elektronische Gerichtspostfach elektronisch an das zuständige Registergericht. Dort können die Daten unmittelbar in die Register übernommen werden. Über Anmeldungen zur Eintragung soll unverzüglich entschieden werden. Falls erforderlich, wird die IHK künftig elektronisch beteiligt. Zudem sollen die Ausnahmen vom Erfordernis eines Kostenvorschusses erweitert werden. Handelsregistereintragungen sollen nur noch elektronisch bekannt gemacht werden. Die Daten sind dann für jedermann über das Internet einsehbar.

1.3. Verzicht auf Sicherheitsleistungen bei Ein-Mann-Gesellschaften

Beschleunigt wird insbesondere die Gründung von Ein-Personen-GmbHs. Hier wird künftig auf die Stellung besonderer Sicherheitsleistungen verzichtet.[115]

---

[113] Art. 1 Nr. 4 MoMiG
[114] siehe Fußnote 106
[115] Art. 1 Nr. 6 MoMiG

Nach geltendem Recht darf eine Ein-Personen-GmbH nämlich erst dann in das Handelsregister eingetragen werden, wenn der Gesellschafter für den noch nicht erbrachten Teil seiner Geldeinlage eine Sicherung bestellt hat. Diese besonderen Sicherungen sind jedoch verzichtbar und bedeuten lediglich eine unnötige Komplizierung der Gründung einer Ein-Personen-GmbH. Die bisherigen Anforderungen gehen auch über die Vorgaben der EU-Richtlinie zur Ein-Personen-GmbH von 1989 hinaus.

Zusammenfassend kann festgestellt werden, dass die für 2008 geplanten Maßnahmen eine wesentliche Beschleunigung des Gründungsverfahrens zur Folge haben werden. Die Gründung einer einfachen GmbH wird ab 2008 – unabhängig von der Anzahl der Gründungsgesellschafter – jedenfalls bei Bargründungen innerhalb weniger Wochen vollzogen sein.

2. Grundsätzliche Überlegungen vor der Gründung einer GmbH

2.1. Struktur der GmbH

Wer seine GmbH für seine gewerblichen Zwecke nutzen möchte, sollte sie so sorgfältig wie möglich für seine Zwecke strukturieren. Dies ist umso wichtiger, als das Recht der GmbH weite Gestaltungsspielräume zulässt und nachträgliche Änderungen wegen der zwingenden Beurkundungspflicht teuer werden.

Zunächst einmal muss man sich über einige grundlegende Dinge klar werden. Dies betrifft den Tätigkeitsbereich der GmbH ebenso wie den Kreis der Gesellschafter und Geschäftsführer. Bei diesen Dingen ist es auch meist müßig, Dritte um Rat zu fragen. Hier geht es noch nicht vordergründig um rechtliche Fragen, sondern darum, was die GmbH überhaupt leisten können soll, wer sich daran beteiligen soll und wer die Gesellschaft wie führen soll. In der Konstellation der Ein-Mann-GmbH naturgemäß kein wirkliches Problem, aber es gibt gute Gründe, eine Mehr-

Personen-Gesellschaft zu wählen (und sei es nur, um bei der Gründung zunächst nur das halbe Stammkapital einzahlen zu müssen[116]).

2.2. Tätigkeitsbereich

Die Abgrenzung und hinreichende Bestimmung des Tätigkeitsbereiches der GmbH ist in mehrfacher Hinsicht von Bedeutung.

Zum einen muss er die tatsächliche Tätigkeit der späteren GmbH abdecken. Es genügt nicht, den Zweck der GmbH („Gewinnerzielungsabsicht") anzugeben,[117] erforderlich ist vielmehr eine Definition des Unternehmensgegenstandes („Betrieb von Autohäusern"). Das klingt leichter, als es in vielen Fällen tatsächlich ist. Immerhin soll die GmbH ja lange existieren, also ist es sehr wahrscheinlich, dass sie sich eines Tages auch mit anderen Dingen befasst als ursprünglich angedacht. Hinzu kommt, dass es auch eine Reihe von Annexgeschäften zum hauptsächlichen Unternehmensgegenstand gibt, die bedacht werden wollen. Eine GmbH etwa, sie einen Autohandel betreibt, sollte ihren Geschäftszweck von vorne herein auch auf den Erwerb und die Verwaltung der Betriebsimmobilie ausrichten, auch wenn sie derzeit nur Mieterin ist. Natürlich kann man den Zweck der GmbH später entsprechend ändern, dies kostet aber zusätzliches Geld, da es ein erneutes beurkundungspflichtiges Geschäft ist.[118]

Zum zweiten muss man darauf achten, den Geschäftszweck nicht so weit zu fassen, dass er unnötigerweise erlaubnispflichtige Tatbestände erfasst. Wer bei der „Verwaltung von Immobilien" das Wort „eigene" vergisst, rutscht automatisch in die Erlaubnispflicht nach § 34c GewO. Wer nicht tatsächlich als Makler oder Bauträger etc. tätig werden will, sollte sich diese gewerberechtliche Zuverlässigkeitsprüfung ersparen, auch wenn

---

[116] dazu gleich mehr, Kapitel 5
[117] Roth in Roth/Altmeppen, GmbHG, § 3 Rz. 25
[118] § 53 GmbHG

gewerberechtliche Zuverlässigkeitsprüfung ersparen, auch wenn sie ab 2008 zu keiner weiteren Verzögerung im Gründungsverfahren mehr führt.

2.3. Wahl der richtigen Firma

Ein wichtiger Punkt bei der Gründung einer GmbH ist deren Firma, also der Handelsname der GmbH, unter der sie nach außen auftritt.[119]

Die GmbH ist – anders als Personengesellschaften oder Kaufleute – zur Führung einer Sachfirma berechtigt (aber nicht verpflichtet). Die Namen der Handelnden müssen daher in der Firmierung nicht erscheinen, für viele ein großer Vorteil der GmbH, der freilich durch die Vorschrift relativiert wird, wonach auf Geschäftsbriefen der GmbH die Person des Geschäftsführers zwingend kenntlich gemacht werden muss.[120]

Das Firmenrecht wurde unlängst weitgehend liberalisiert, hiervon profitiert auch die GmbH. So sind jetzt Phantasiebezeichnungen ausdrücklich zugelassen.[121] Natürlich muss die Firma der GmbH auch den allgemeinen firmenrechtlichen Anforderungen des Handelsgesetzbuches entsprechen, sie muss also kennzeichnend, unterscheidend und nicht irreführend sein.[122] Insoweit gilt auch für die Sachfirma der GmbH nichts Besonderes.[123]

Hier sind zusätzlich zwei Dinge zu berücksichtigen: Die GmbH kann zwar durchaus mehrere unterschiedliche Unternehmen

---

[119] §§ 17 ff HGB, siehe Anhang Ziff. VI 5.5
[120] § 35a GmbHG
[121] Scholz/Emmerich GmbHG § 4 Rz. 6
[122] vgl. §§ 17 ff HGB
[123] Einzelheiten zum allgemeinen Firmenrecht bei Baumbach/Hopt, HGB, § 17 Rz. 1 ff

führen, jedoch immer nur eine Firma.[124] Dies ist beim Einzelkaufmann anders.

Es gilt – auch im Fall einer Firmenfortführung nach § 22 HGB (eine GmbH kauft ein Einzel-Unternehmen und führt es und die alte Firma fort) - die unbedingte Pflicht, immer und ausnahmslos die Bezeichnung „Gesellschaft mit beschränkter Haftung" oder eines der eingebürgerten Kürzel (Ges. m.b.H, Gesellschaft m.b.H., GmbH, G.m.b.H.) als Firmenbestandteil zu führen.[125]

2.4. Gesellschafterkreis, Familiengesellschaft

Von grundsätzlicher Bedeutung ist naturgemäß, im Vorfeld den Gesellschafterkreis zu bestimmen.

Auch wer ein überzeugter Verfechter einer Ein-Mann-GmbH ist, sollte gleichwohl erwägen, einen zweiten Gesellschafter aufzunehmen. Zwar werden ab 2008 die Vorteile bei der Gründung von Mehr-Personen-GmbHs gegenüber der Ein-Mann-GmbH egalisiert, jedoch kommen unter Umständen Vorteile in Bezug auf die Grundsätze der Durchgriffshaftung in Betracht. Es wurde bereits dargestellt, dass insbesondere Ein-Personen-Gesellschaften besonders anfällig für die Durchgriffshaftung sind, da ihnen die fehlende Kontrolle der Geschäftsführung durch den Gesellschafter immanent ist. Wer einen zweiten, von der eigenen Person unabhängigen Gesellschafter aufnimmt, wird nicht so schnell wie der „Ein-Mann-Gesellschafter-Geschäftsführer" in den Ruch der Vermögensvermischung kommen[126]. Allerdings ist das Problem der Durchgriffshaftung kein alleiniges Phänomen der Ein-Mann-GmbH, es kann überall auftreten.

---

[124] Scholz/Emmerich, GmbHG, § 4 Rz. 6
[125] § 4 GmbHG
[126] vgl. Kapitel III 6.2.2

Auch Minderjährige können Gesellschafter (nicht aber Geschäftsführer!) einer GmbH werden, allerdings ist hierfür nach herrschender Meinung eine Genehmigung des Vormundschaftsgerichts nach § 1822 BGB erforderlich,[127] was diesen Weg unpraktikabel erscheinen lässt.

Ein kurzes Wort noch zu der Familiengesellschaft. Hierbei handelt es sich nicht um einen Terminus Technicus, sondern vielmehr um die Zusammenfassung eines Phänomens, das all jene Konstellationen zusammenfasst, in denen sich Mitglieder einer Familie zum Betrieb einer Gesellschaft zusammenschließen. Dies beginnt bei der kleinen Zwei-Personen-GmbH bestehend aus Ehemann und Ehefrau und geht hin bis zu komplexen, meist durch Erbfolge ausgelösten Familien-GmbHs mit einer Vielzahl von Gesellschaftern, deren Interessen oftmals gegenläufiger Natur sind. Wer eine Familien-GmbH zu gründen beabsichtigt, sollte sich immer bewusst sein, dass die engen Familienbande rasch in das Gegenteil umschlagen können. Geschieht dies, ist man einem Gesellschafter ausgeliefert, der im schlimmsten Fall nur noch destruktive Absichten verfolgt. Familien-Gesellschaften bedürfen daher unbedingt der sorgfältigen Planung und Strukturierung, selbst in dem für uns allein relevanten Fall der „kleinen Familiengesellschaft" aus zwei Familienmitgliedern. Auch hier müssen Mechanismen vorgesehen werden, die es einem Gesellschafter erlauben, im Zweifel auch gegen den Willen des anderen die Gesellschaft ohne ihn fortzusetzen, was naturgemäß bedingt, dass es einen Mehrheitsgesellschafter geben muss. Dessen Rechte müssen in der Satzung in Bezug auf die Geschäftsführung, aber auch in Bezug auf die Kündigung der Gesellschaft, auf Vorkaufsrechte an den Anteilen des anderen Gesellschafters etc. von vorne herein so ausgestaltet werden, dass der Hauptgesellschafter jederzeit die Reißleine ziehen kann.

---

[127] wegen der belastenden Nachschusspflicht gem. § 24 GmbHG, Münchner Komm./Scholz § 1822 Rz. 25)

2.5. Geschäftsführer

Wenn Klarheit über den Gesellschafterkreis besteht, muss über die Geschäftsführung nachgedacht werden.

Wer einen Fremdgeschäftsführer einstellt (oder wenn nur eine Person aus dem Gesellschafterkreis Geschäftsführer werden soll), wenn also die Kontrollrechte der Gesellschafter von größerer Bedeutung als etwa in der Ein-Mann-GmbH sind, müssen grundsätzliche Regelungen über die Befugnisse der Geschäftsführer angedacht werden. Hierzu mehr gleich beim Thema Satzung.

Im Vorfeld sollte man aber immer berücksichtigen, dass viele spätere Streitigkeiten vermieden werden können, wenn die Geschäftsführungsbefugnisse der Beteiligung an der Gesellschaft entsprechen. Halten etwa zwei Personen je 50% einer GmbH, spricht viel dafür, beide zu gleichberechtigten Geschäftsführern zu bestellen. Sind die Beteiligungsverhältnisse hingegen asymmetrisch, ist der Keim zum Dissens gelegt, wenn der Minderheitsgesellschafter auf Geschäftsführerebene gleiche Befugnisse hat. Auf der anderen Seite bereiten paritätische GmbHs oftmals große, unauflösbare Probleme, wenn sie die Gesellschafter zerstreiten. In dem Fall ist es besser für das Unternehmen, wenn letztlich einer das Sagen hat.

Hat die GmbH mehrere Geschäftsführer, so muss überlegt werden, wie deren Kompetenzen voneinander abgegrenzt werden. Allen im Außenverhältnis alles zu gestatten und die Kompetenzverteilung auf das Innenverhältnis zu beschränken – etwa im Rahmen der Geschäftsführer-Anstellungsverträge – ist eine praktikable, weil flexible Variante, die freilich dann keinen Schutz bietet, wenn ein Geschäftsführer seine Kompetenzen überschreitet und die Gesellschaft unverhältnismäßig verpflichtet. Ist eine solche Gefahr – z.B. bei einem Fremdgeschäftsführer – absehbar, muss die Kompetenzverteilung allerdings in der Satzung festgeschrieben werden.

Ein besonderes Problem in der Praxis wirft oftmals die Verteilung der Kompetenz in kaufmännische und technische Befugnisse auf. Während der Techniker brav vor sich hin werkelt, gibt der Kaufmann das Geld aus und sorgt so für latenten Unfrieden. So sinnvoll eine derartige Kompetenzverteilung in der Sache auch sein mag, so sehr ist sie auch geeignet, für nachhaltigen Unfrieden zu sorgen. Man sollte eine derartige Kompetenzverteilung nur dann wählen, wenn sie aus Gründen der Spezialisierung wirklich erforderlich ist, also nur bei Unternehmen mit hohem Umsatz und einem entsprechend ausgeprägten kaufmännischen Betrieb.

Nach den Vorschriften des GmbH-Gesetzes sind Geschäftsführer immer und unabhängig von dem Bestand und dem Inhalt des Anstellungsvertrages von der Gesellschafterversammlung abrufbar;[128] sie kann jedoch in der Satzung auf das Vorliegen eines wichtigen Grundes beschränkt werden,[129] was immer dann sinnvoll ist, wenn die Person des Geschäftsführers für den Geschäftsgegenstand der GmbH von zentraler Bedeutung ist, er also solange unverzichtbar ist, wie er keinen wichtigen Kündigungsgrund (z.B. Handeln gegen das Interesse der Gesellschaft,[130] Straftaten in Zusammenhang mit der Geschäftsführung, Verstöße gegen satzungsmäßige oder vertragliche Verpflichtungen gegenüber der GmbH[131] oder Ähnliches). Formulierungen hierzu finden sich in der Mustersatzung im Anhang.[132]

---

[128] § 38 Abs. 1 GmbHG
[129] § 38 Abs. 2 GmbHG
[130] § 43 GmbHG
[131] § 37 Abs. 1 GmbHG
[132] vgl. Kapitel VI 1

3. Formulierung der Satzung

Ist man sich über die Grundzüge seiner GmbH im Klaren, kann man an die konkrete Gründung gehen. Diese beginnt mit der Ausformulierung der Satzung, der „Verfassung" der GmbH.

Und spätestens hier stellt sich erstmals eine Frage, die sich wie ein roter Faden durch den gesamten Gründungsprozess zieht: Soll ich mich hierbei beraten lassen?

Die Antwort ist schwierig und sehr vom Einzelfall abhängig, lediglich eines kann man immer klar sagen: Hände weg von Beratern, die nicht Juristen sind. Bereits das Rechtsberatungsgesetz verbietet die Rechtsberatung durch Nicht-Juristen. Den Rat solcher „Unternehmensberater" einzuholen kostet nur unkalkulierbar viel Geld und führt zu nichts.

Doch: Brauche ich jetzt schon einen Juristen, der mich teuer berät? Die „offizielle" Antwort kann natürlich nur lauten: Ja! Die Satzung einer GmbH ist überwiegend Juristerei und die gehört nun einmal in die Hände von Juristen.

Aber der Rat von Juristen kostet, auch das ist nun einmal so. Wir jedoch wollen unsere GmbH so preiswert wie möglich gründen, also jeden überflüssigen Gebührenballast vermeiden. Auf der anderen Seite macht es keinen Sinn, eine von vorne herein mit sachlichen Fehlern behaftete GmbH zu gründen, denn das Ausbügeln vermeidbarer Fehler kostet meist mehr als eine vernünftige Beratung zu Beginn. Was also tun?

Einen Königsweg, der den Ausweg aus diesem Dilemma weist, gibt es nicht. Klar ist: wer eine komplexe, große, wirtschaftlich bedeutende GmbH mit mehreren Geschäftsführern und Gesellschaftern gründet, kommt an umfassender anwaltlicher Beratung bereits im Vorfeld nicht vorbei. Doch das ist nicht unser Thema. Was ist mit der kleinen Ein-Mann-GmbH, die ein durchaus erfahrener selbständiger Kaufmann gründet, um seine Geschäfte fortan über sie abzuwickeln? Immerhin kann ein Rechtsanwalt für die Beratung im Zuge der Abfassung einer GmbH-Satzung ohne weiteres runde 450 Euro berechnen[133] (gilt für die 25.000 Euro-GmbH, ca. 250 Euro bei der 10.000 Euro-GmbH). Und ist da nicht noch der Notar? Der hat ja immerhin auch einmal Jura studiert und müsste eigentlich auch Bescheid wissen!

Das tut er auch, und zwar oftmals sogar besser als der Rechtsanwalt, denn GmbH-Gründungen gehören zum Brot- und Butter- Geschäft deutscher Notare. Und: Wer zum mit einer konkreten Satzungsidee zum Notar kommt, hat Anspruch darauf, dass dieser den Entwurf im Rahmen seiner Notartätigkeit prüft, ohne dafür besondere Gebühren zu erheben. Selbst die Erstellung des Urkundenentwurfes als solchem ist Teil der Beurkundung und daher von der Beurkundungsgebühr mit umfasst.[134] Das betrifft freilich nur den beurkundungspflichtigen Teil des Geschäfts, nicht aber automatisch auch alles andere, was damit zusammenhängt. Bei der Gründung der GmbH bedarf die Satzung jedoch bereits als solche der notariellen Form,[135] ihr Entwurf ist daher jedenfalls in den Grenzen des zwingend vorgeschriebenen Inhalts[136] von den Gebühren des Notars für die Beurkundung mit abgegolten. Doch gilt das auch für andere Dinge wie etwa Einzelheiten zur Frage, was bei der Pfändung von Geschäftsanteilen durch Gläubiger von Gesellschaftern geschieht? Oder Fragen der Erbfolge in Geschäftsanteile? Oder eine detaillierte firmenrechtliche Beratung? Darf der Notar in diesen Fällen gesondert abrechnen oder ist seine Tätigkeit auch insoweit von den Beurkundungsgebühren abgegolten?

Die Abgrenzung ist fließend und nicht immer einfach zu treffen.

Zunächst: Es gibt Bereiche, in denen der Notar überhaupt nicht beraten darf. Dann stellt sich auch nicht die Gebührenfrage. So

---

[133] gerundet; Einzelheiten der Gebührenberechnung siehe Kapitel 11.4; im Einzelfall kann das Honorarvolumen noch wesentlich höher ausfallen
[134] § 24 Abs. 1 BNotO
[135] § 2 Abs. 1 Satz 1 GmbHG
[136] vgl. § 3 GmbHG und oben Ziff. III 5

darf der unparteiische Notar unter keinen Umständen nur einen von mehreren Gesellschaftern beraten, wenn es etwa darum geht, die Rechte der Gesellschafter voneinander abzugrenzen.

In anderen Fällen gilt: Besteht ein enger innerer Zusammenhang mit der Urkundstätigkeit und stellt die Betreuung eine der Urkundstätigkeit zuzurechnende unselbständige Nebentätigkeit dar, so löst die weitere Betreuung keine gesonderte Gebühr aus. Unselbständig sind in der Regel alle Handlungen, die der Notar nicht aufgrund eines besonderen Ansuchens übernimmt, sondern die ihm zur Abwicklung einer anderen Tätigkeit als Amtspflicht obliegt.[137] Ob dies der Fall ist, wird man nur unter Berücksichtigung aller Umstände des Einzelfalls nachvollziehen können, in den meisten Fällen wird man jedoch davon auszugehen haben, dass der Notar im Rahmen der Beurkundung einer GmbH-Gründung auch umfassend über die Satzung und ihren Inhalt zu belehren und beraten hat und dass diese Beratung auch z.B. die oben angesprochenen Fragen erfasst.

In jedem Fall ist es richtig, sich vorab zu informieren, wie eine Satzung auszusehen hat und sich so gewappnet – eventuell gar mit einem eigenen Entwurf – zum Notar zu begeben. Sollte sich dann im (seltenen) Einzelfall über den gesetzlichen Beurkundungsrahmen hinausgehender Beratungsbedarf abzeichnen, wird der Notar darauf hinweisen. Deshalb an dieser Stelle der Rat: Lassen Sie den Notar entscheiden, ob weitere Beratung notwendig ist oder nicht. Er vermag dies besser zu beurteilen als jeder Rechtssuchende. Erkennt der Notar weiteren Beratungsbedarf, den er nicht zu erfüllen kann (oder darf), hat er meistens auch eine gute Empfehlung parat, an wen man sich wenden kann. Nicht jeder Jurist kennt sich in dieser Materie gleichermaßen gut aus.

---

[137] grdl. BGH DNotZ 1979, 494

4. Der Notar

Der Notar prüft zunächst das Vorhaben. Im besten Fall – er hat nichts Wesentliches auszusetzen und äußert keine Bedenken gegen das Unternehmen – wird er die Satzung entwerfen und beurkunden[138] und die Anmeldeunterlagen für die GmbH beglaubigen. Hierzu müssen alle Gesellschafter und Geschäftsführer anwesend oder wirksam vertreten sein und sich ausweisen. Vollmachten zur Gründung bedürfen immer der notariell errichteten oder beglaubigten Vollmacht.[139]

Wohnen die beteiligten Personen an weit voneinander entfernten Orten, besteht auch die Möglichkeit, dass bei der Beurkundung eine andere Person als vollmachtloser Vertreter auftritt und der entfernte Gesellschafter die Urkunde dann an seinem Wohnort bei einem dortigen Notar persönlich genehmigt. Die hiermit verbundenen Mehrkosten sind geringer als die einer notariell errichteten Gründungsvollmacht, zu berücksichtigen ist aber auch der mit einem solchen Verfahren zwangsläufig einhergehende Zeitverlust, denn der Notar kann keinen Eintragungsantrag beim Handelsregister stellen, ohne dass ihm alle Erklärungen abschließend in der erforderlichen Form vorliegen.

Anschließend wird der Notar gemeinsam mit den Gesellschaftern die Satzung der GmbH die erforderlichen amtlichen Stellungnahmen und Genehmigungen einholen.

5. Genehmigungen, Stellungnahmen

Beim zuständigen Wirtschaftsverband (meist der Industrie- und Handelskammer) muss angefragt werden, ob Bedenken gegen die gewählte Firmierung bestehen. Dies erledigt in der Regel der Notar. Die Dauer der Stellungnahme der Handelskammer ist schwer zu kalkulieren und hängt wesentlich von der Nähe der

---

[138] Einzelheiten zum Inhalt siehe Ziff. III 5 und VI 1.2
[139] § 2 Abs. 2 GmbHG

gewählten Firma zu bereits existierenden Firmen ab. Ab 2008 wird auch die Stellungnahme einer IHK auf elektronischem Wege eingeholt, um die Gründung zu beschleunigen.

In Fällen einer erlaubnispflichtigen Tätigkeit (z.B. nach § 34c GewO) muss darüber hinaus die erforderliche Erlaubnis eingeholt werden. Diese ist regelmäßig mit einen Zuverlässigkeitsnachweis der handelnden Personen (Vorstrafen, frühere Verstöße gegen das Gewerberecht etc.) verbunden. Diese Prüfung hindert ab 2008 jedoch nicht die Eintragung der GmbH, es muss jedoch innerhalb von drei Monaten nachgewiesen werden, dass die Genehmigung erteilt wurde, andernfalls wird die Gesellschaft wieder gelöscht.[140]

6. Einzahlung des Stammkapitals

Spätestens wenn alle etwaig erforderlichen Genehmigungen und Stellungnahmen vorliegen, muss das Stammkapital eingezahlt werden. Dieses beträgt mindestens 25.000 Euro (ab dem 01.01.2008: 10.000 Euro),[141] nach oben sind keine Grenzen gesetzt. Wer eine Bargründung wählt (zur Sachgründung gleich), eröffnet ein Konto auf den Namen der „XY-GmbH in Gründung" und zahlt den Betrag des Stammkapitals ein. Der Notar erhält einen Original-Kontoauszug des Kontos als Nachweis der Bereitstellung des Stammkapitals. Möglich ist auch, ein Konto auf den Namen eines Gesellschafters zur eröffnen, das dann die Bezeichnung „für XY-GmbH" trägt. In jedem Fall ist bereits jetzt unbedingte Sorge zu tragen, dass keinerlei Vermögensvermischung erfolgt,[142] andernfalls droht die Durchgriffshaftung in das Privatvermögen.

---

[140] siehe oben Kapitel IV 1.2
[141] siehe Kapitel III 6
[142] siehe hierzu im einzelnen Kapitel III 6.2.2

Es genügt zunächst die Einzahlung von ¼ des Stammkapitals, mindestens jedoch 12.500 Euro bzw. 5.000 Euro (ab dem 01.01.2008).[143] Auch der einzige Gesellschafter einer GmbH kann von diesem Privileg Gebrauch machen, er muss den Restbetrag ab 2008 auch nicht mehr werthaltig absichern.[144]

7. Sachgründung

Von der Möglichkeit der Sachgründung machen nur die wenigsten Gründer Gebrauch, da sie zeitaufwendig ist. So ist dem Gründer zwar grundsätzlich gestattet, anstelle von Geld Sacheinlagen in die GmbH einzubringen, wegen der damit verbundenen Missbrauchsgefahr muss jedoch immer eine objektive Bewertung der eingebrachten Vermögenswerte erfolgen,[145] die naturgemäß teuer und langwierig ist.

Hinzu kommt das Problem der Nachhaltigkeit: werden etwa Vermögenswerte in die GmbH eingebracht, deren dauerhafter Wert zweifelhaft ist (etwa Urheberrechte an Büchern in eine Verlags-GmbH, deren Wert unter Umständen binnen kurzem wesentlich verlieren kann; gleiches kann z.B. für die Einbringung eines teuren, exotischen Fahrzeugs in die GmbH gelten), so hindert das zwar nicht deren Gründung (sofern der Wert der eingebrachten Vermögensgegenstände im Gründungszeitpunkt nachgewiesen ist), aber es besteht das Risiko der Unterkapitalisierung der Gesellschaft, mit der eine Pflicht einhergeht, Insolvenz anzumelden[146] (oder eben Kapital nachzuschießen). Die Sachgründung eignet sich daher nur in seltenen Fällen (es sind objektiv bewertete, nachhaltige Vermögenswerte vorhanden, die nicht zum Verkauf vorgesehen sind, z.B. Immobilien) zur raschen Gründung einer einfachen, unkomplizierten GmbH und selbst

---

[143] Einzelheiten siehe oben Kapitel III 6
[144] siehe hierzu im Einzelnen oben Kapitel III 6
[145] § 5 Abs. 4 GmbHG; § 8 Abs. 1 Ziff. 5 GmbHG
[146] § 64 GmbHG

dann ist es oftmals ratsamer, die Vermögensgegenstände zu beleihen als sie für eine Sachgründung zu verwenden.

Wer gleichwohl den Weg einer Sachgründung wählt, muss einen Sachgründungsbericht aufstellen,[147] der die für die Angemessenheit der Sacheinlagen maßgeblichen Umstände darlegt. In der Regel wird man hierzu Bewertungsgutachten von öffentlich bestellten Gutachtern vorlegen, zwingend vorgeschrieben sind solche freilich nicht. Wer z.B. ein Einzelunternehmen in eine GmbH einbringt (der Autohandel wurde bislang unter einer Einzelfirma geführt und nun in eine GmbH überführt werden, das Inventar soll als Sacheinlage dienen), muss darüber hinaus die Jahresergebnisse der beiden letzten Geschäftsjahre angeben,[148] um den nachhaltigen Wert der Sacheinlagen zu dokumentieren. Bei der Anmeldung der Gesellschaft zum Handelsregister müssen schließlich die Unterlagen beigefügt werden, aus denen sich ergibt, dass der Wert der Sacheinlagen den Betrag der übernommenen Stammeinlagen erreicht.[149] Hierfür reicht in der Regel der mit den Wertgutachten versehene Sachgründungsbericht aus.

Das neue GmbH-Recht ab 2008 erleichtert in Zukunft die Sachgründung insoweit, als dass es durch die Absenkung des Mindestkapitals einer GmbH den Spielraum für eine Sachgründung erweitert. Wer etwa eine 3 Jahre alte Werkzeugmaschine im Anschaffungspreis von 40.000 Euro zur Sachgründung einer 25.000 Euro GmbH verwandte, agierte im Grenzbereich. Für eine 10.000 Euro-GmbH wäre dies unproblematisch möglich.

Man darf aber davon ausgehen, dass die 2008 kommende Senkung des Mindestkapitals Sachgründungen weitgehend überflüssig machen wird.

---

[147] § 5 Abs. 4 Satz 2 GmbHG
[148] § 5 Abs. 4 GmbHG
[149] § 8 Abs. 1 Ziff. 5 GmbHG

8. Anmeldung zum Handelsregister

Nun kann der Notar die Anmeldung der GmbH zum Handelsregister zusammenstellen. Diese muss enthalten:[150]

- den Gesellschaftsvertrag
- die Legitimation der Geschäftsführer
- eine von den Anmeldenden unterschriebene Liste der Gesellschafter, aus welcher Name, Vorname, Geburtsdatum und Wohnort der letzteren sowie der Betrag der von einem jeden derselben übernommenen Stammeinlage ersichtlich ist,
- im Fall der Sachgründung die Verträge, die den Festsetzungen zugrunde liegen oder zu ihrer Ausführung geschlossen worden sind, und der Sachgründungsbericht,
- im Fall der Sachgründung Unterlagen darüber, dass der Wert der Sacheinlagen den Betrag der dafür übernommenen Stammeinlagen erreicht
- ggf. Genehmigungsurkunden, sofern zutreffend

In der Anmeldung ist die Versicherung abzugeben, dass die Stammeinlagen unwiderruflich erbracht sind und dass der Gegenstand der Leistungen sich endgültig in der freien Verfügung der Geschäftsführer befindet. Ferner haben die Geschäftsführer zu versichern, dass keine Umstände vorliegen, die ihrer Bestellung entgegenstehen und den Umfang ihrer Vertretungsbefugnis darzulegen.

Die Anmeldung erfolgt mit Umsetzung des EHUG auf elektronischem Weg.

---

[150] § 8 GmbHG

9. Eintrag ins Handelsregister

Das beim zuständigen Amtsgericht belegene Handelsregister prüft den Eintragungsantrag. Stellt es Fehler fest, gibt es in der Regel zunächst die Gelegenheit zur Nachbesserung scheitert diese oder sind die Fehler in der Gründung oder Anmeldung grundsätzlicher Natur, lehnt es die Eintragung ab[151]. Andernfalls wird die GmbH in die zweite Abteilung des Handelsregisters eingetragen, erhält eine Registrierungsnummer und ist damit errichtet. Sie entsteht erst zu diesem späten Zeitpunkt.[152]

In das Handelsregister wird folgendes eingetragen:[153]

- Firma der GmbH
- Sitz der Gesellschaft
- Zweck der GmbH
- Höhe des Stammkapitals gem. der Satzung
- Name, Geburtsdatum und Wohnort der Geschäftsführer
- Ggf. Prokura
- Liste der Gesellschafter der GmbH
- Rechtsverhältnisse der GmbH (etwa Bestimmung der aktuellen Fassung der Satzung, Vertretungsbefugnis der Geschäftsführer und Prokuristen, Ausnahmen vom Verbot des Selbstkontrahierens oder Ähnliches

Die Eintragungen im Handelsregister sind öffentlich und werden mit Umsetzung des EHUG nur noch auf elektronischem Weg (Internet) veröffentlicht.

---

[151] § 9c GmbHG
[152] § 11 Abs. 1 HGB, zum Rechtszustand vor der Eintragung vgl. Ziff. 11 in diesem Kapitel
[153] § 10 GmbHG

Zu beachten ist ferner, dass jede nachträgliche Änderung aller eintragungsrelevanten Tatsachen ihrerseits einzutragen ist.

10. Gewerbeaufsicht, Finanzamt

Nimmt die GmbH erst an dieser Stelle ihre gewerbliche Tätigkeit auf, muss sie dies dem zuständigen Gewerbeaufsichtsamt und dem Finanzamt für Körperschaften anzeigen. Die Anmeldung bei den Finanzbehörden ist kostenfrei, für die Anmeldung beim Gewerbeaufsichtsamt sind (regional verschieden) geringe Gebühren fällig.

Eine Eröffnungsbilanz muss gefertigt werden, im einfachsten Fall einer Bargründung ohne Sacheinlagen kann das im Anhang abgedruckte Muster verwendet werden;[154] in komplizierten Fällen ist es erforderlich, einen Steuerberater einzuschalten.

Nimmt, wie vielfach üblich, die GmbH bzw. die hinter ihr stehenden Personen bereits im Gründungs- oder gar im Vorgründungsstadium ihr Gewerbe auf,[155] so ist dieser Schritt natürlich bereits zu diesem Zeitpunkt fällig. Für erlaubnispflichtige Gewerbe gilt unabhängig von der Rechtsform des Unternehmens, dass die erforderliche Erlaubnis spätestens bei Aufnahme der Tätigkeit vorliegen muss.

Ob im Einzelfall die einer natürlichen Person erteilte Erlaubnis auf eine von dieser Person beherrschte GmbH übergeht, hängt von dem Charakter des Erlaubnisvorbehalts ab. Ist diese höchstpersönlicher Natur, gilt sie nicht für die GmbH, sollte aber auch für diese leicht zu erlangen sein, wenn die handelnden Personen identisch sind.

---

[154] vgl. Kapitel VI 2
[155] Einzelheiten Ziff. 11 in diesem Kapitel

11. Kosten und Gebühren

Kommen wir zum vielleicht nicht wichtigstem, aber doch für viele vordergründig interessantesten Thema: Was kostet die Errichtung einer einfachen, standardisierten GmbH bis hierhin?

Man kann die Kosten im wesentlich in vier Bereiche einteilen, nämlich die Kosten des Notars, die des Handelsregisters, die anderer beteiligter Behörden bzw. Körperschaften und die eventueller juristischer Berater.

11.1. Notar

Der Notar erhält für die Beurkundung der Satzung einer Ein-Mann-GmbH eine 10/10 Gebühr,[156] sind mehrere Gesellschafter vorhanden, berechnet er eine 20/10 Gebühr.[157] Der Geschäftswert wird im Regelfall mit dem gezeichneten Stammkapital übereinstimmen, also meist 25.000 Euro (ab 01.01.2008: 10.000 Euro) betragen. Bei einem Wert von 25.000 Euro beträgt eine 10/10 Gebühr zurzeit 84,00 Euro (zzgl. Umsatzsteuer), bei 10.000 Euro 54,00 Euro (zzgl. Umsatzsteuer).

Für die Bestellung eines Geschäftsführers fällt eine weitere 20/10 Gebühr an,[158] deren Wert sich ebenfalls am Stammkapital orientiert.[159]

Für die Anmeldung der GmbH beim Handelsregister erhält der Notar eine weitere 5/10 Gebühr,[160] so dass sich sein Gebührenanspruch (sofern keine weitere gebührenpflichtige Tätigkeit vorliegt[161]) im Normalfall auf folgende Größenordnung beläuft:

---

[156] § 36 Abs. 1 KostO
[157] § 36 Abs. 2 KostO
[158] § 47 KostO
[159] § 26 Abs. 4 Nr. 1 KostO
[160] § 38 Abs. 2 KostO
[161] vgl. dazu im Einzelnen oben Ziff. IV 2

Ein-Mann-GmbH:

bisher: 35/10 Geb. aus 25.000 Euro = 294,00 Euro

ab 01.01.2008: 35/10 Geb. aus 10.000 Euro = 189,00 Euro

Zwei-Personen-GmbH:

bisher: 45/10 Geb. aus 25.000 Euro = 378,00 Euro

ab 01.01.2008: 45/10 Geb. aus 10.000 Euro = 243,00 Euro

Hinzu kommen die Auslagen des Notars und die gesetzliche Mehrwertsteuer. Im Normalfall ist es wegen der Vorsteuerabzugsberechtigung sowie der steuerlichen Abzugsfähigkeit der Gründungskosten angezeigt, die Rechnung an die GmbH (in Gründung) zu adressieren und von deren Konto anzuweisen.

11.2. Register

Das Handelsregister berechnet für die Eintragung der GmbH eine 10/10 Gebühr,[162] deren Wert auch im Fall einer GmbH mit einem geringeren Mindeststammkapital immer mindestens 50.000 Euro beträgt.[163] Die Höhe einer 10/10 Gebühr nach einem Wert von 50.000 Euro beträgt zurzeit 132,00 Euro.

---

[162] § 79 KostO

[163] § 26 Abs. 3 Nr. 3 KostO, bei mehreren eintragungspflichtigen Tatsachen bestimmt sich der Wert nach der Wertesumme (§ 26 Abs. 8 KostO)

11.3. Andere Stellen

Die Kosten für die zwingende Mitwirkung anderer Stellen (Gewerbeaufsichtsamt, IHK, andere Stellen) sind regional unterschiedlich, aber auch in der Summe vergleichsweise gering.

11.4. Rechtsanwalt

Die Kalkulation von anwaltlichen Beratungskosten ist schwierig. Seit Sommer 2004 gilt das Rechtsanwaltsvergütungsgesetz, das die langjährige Bundesrechtsanwaltsgebührenordnung abgelöst hat und in vielen Fällen die Anwaltskosten nicht unerheblich in die Höhe getrieben hat. Die Behandlung von außergerichtlicher Beratung - um die es hier geht - ist freilich nach wie vor wenig klar geregelt und lässt einen weiten Beurteilungsspielraum, der die Prognose der Anwaltskosten in diesem Sektor schwierig macht. Als grobe Richtschnur kann man für die einfache Beratung eines Rechtsanwalts eine 5/10 Mittelgebühr[164] (434,00 Euro, zzgl. Auslagen und Umsatzsteuer bei einem Wert von 25.000 Euro, 243,00 Euro bei einem Wert von 10.000 Euro) veranschlagen. Im Einzelfall ist der konkrete Gebührenansatz nicht immer leicht zu prognostizieren, so dass man sich vorher danach erkundigen sollte.

12. GmbH in Gründung

Erst mit dieser Eintragung entsteht die Gesellschaft, erst hiermit ist sie rechtsfähig und kann im Rechtsverkehr handeln. Zu diesem Zeitpunkt beginnt auch erstmals der Schutz der Handeln-

---

[164] Ziff. 2100 Anlage 1 zum RVG
[167] § 11 Abs. 1 GmbHG

den vor der persönlichen Inanspruchnahme für Verbindlichkeiten der Gesellschaft.[167]

Doch was geschieht in der Zeit zwischen Gründung und Eintragung? Muss man bis zur Eintragung warten, bis man das Gewerbe aufnehmen kann? Diese Frage ist oftmals von praktischer Bedeutung, denn wer will mit der Aufnahme seiner gewerblichen Tätigkeit schon warten? Natürlich könnte man diese Phase überbrücken, indem man zunächst im Rahmen einer Einzelfirma tätig wird, aber dann müsste man das Gewerbe innerhalb kurzer Zeit beim Gewerbeaufsichtsamt und dem Finanzamt an- und abmelden, mit allen damit verbundenen Formalien und Erklärungen. Es wäre oftmals besser, schon im Vorfeld die GmbH in Gründung nutzen zu können, auch wenn diese den Handelnden zweifelsfrei keinen Schutz vor persönlicher Inanspruchnahme bietet.[168]

Das Gesetz erlaubt denn auch die Aufnahme der gewerblichen Tätigkeit im Rahmen der Satzung durch die „GmbH in Gründung", wobei es ausdrücklich erklärt, dass die Handelnden – also in erster Linie der Geschäftsführer, unter Umständen aber auch ein Gesellschafter – für alle durch ihre Tätigkeiten verursachten Verbindlichkeiten, gleich welcher Art, persönlich haften,[169] Die GmbH in Gründung oder sog. Vor-GmbH entsteht mit Verabschiedung der Satzung beim Notar und endet mit der Eintragung (oder mit der rechtskräftigen Abweisung des Eintragungsantrages) und unterscheidet sich in ihrer gewerberechtlichen oder steuerrechtlichen Behandlung nicht von der späteren (Voll-) GmbH. Letzteres gilt selbst dann, wenn die Satzung nachträglich (z.B. auf Geheiß des Handelsregisters) geändert werden muss, die steuerrechtlich Identität zwischen Vor-GmbH und GmbH ist erst dann nicht mehr gewahrt, wenn der Unternehmenszweck grundlegend verändert wird oder der Gesellschafterkreis grundlegende Veränderungen erfährt. Die Grundsätze

---

[168] § 11 Abs. 2 GmbHG
[169] § 11 Abs. 2 GmbHG

der Vor-GmbH gelten auch für Ein-Mann-GmbHs im Gründungsstadium, wenngleich die dogmatische Herleitung dieser Rechtsfolge umstritten ist,[170] was uns freilich nicht weiter interessiert, da das Ergebnis von allen gleichermaßen gutgeheißen wird.

Vor dem Hintergrund der ab 2008 eintretenden deutlichen Beschleunigung der Eintragung von GmbHs in das Handelsregister wird der Rechtsfigur der Vorgesellschaft aber keine große Bedeutung mehr zukommen.

13. Vorgründungs-Gesellschaft

Dies alles gilt freilich erst mit Vereinbarung der Satzung der GmbH. Zuvor, im sog. „Vorgründungsstadium", wenn sich also z.B. mehrere Gesellschafter vereinbaren, eine GmbH zu gründen, aber die Satzung noch nicht beurkundet wurde, bilden diese Gesellschafter eine „Gesellschaft bürgerlichen Rechts"[171] oder, wenn ein Handelsgewerbe betrieben wird, eine offene Handelsgesellschaft (oHG).[172] Würden sie bereits in dieser ersten Phase gewerblich tätig werden, so wäre diese Tätigkeit nicht der späteren GmbH zuzurechnen. Müßig zu betonen, dass auch hier eine unbeschränkte persönliche Haftung der handelnden Personen besteht; sie folgt bereits unmittelbar aus dem Recht der Gesellschaft bürgerlichen Rechts bzw. der oHG. Der Gründer einer Ein-Mann-GmbH wäre in diesem Stadium als Einzelunternehmer oder Kaufmann anzusehen und würde naturgemäß auch unbeschränkt persönlich haften.

---

[170] vgl.: Roth in Roth/Altmeppen, GmbHG, § 11 Rz. 75 ff
[171] §§ 705 ff BGB
[172] §§ 105 ff HGB

14. Haftungsbeschränkung vor Eintragung

Wer im Rahmen einer Vor-GmbH oder gar im Rahmen einer Vor-Gründungs-GmbH handelt, ist nicht vor der persönlichen Inanspruchnahme geschützt. Er kann freilich darüber nachdenken, in diesem Stadium im Rahmen einer „GbR mit beschränkter Haftung" zu handeln, sofern dies tatsächlich praktikabel ist.[173] Die einzelvertraglich vereinbarte Beschränkung der Haftung auf das Gesellschaftsvermögen ist auch im Rahmen der Vor-GmbH möglich und unter Umständen aufgrund der relativ klaren Haftungsmasse – das Stammkapital der späteren GmbH - sowie des begrenzten Zeitraums jedenfalls dann praktikabel, wenn es sich nicht um ein ausgesprochenes Publikumsgewerbe handelt. Und auch dann kann man die Haftungsbeschränkung zumindest in besonders haftungsträchtigen Geschäftsbeziehungen vereinbaren.

---

[173] Einzelheiten siehe Kapitel III 2.3

V. KAUF EINER GMBH

Es gibt auch andere Wege zur GmbH als deren Gründung. Im manchen Fällen kann die hierfür benötigte Zeit nicht abgewartet werden, weil das auszuübende Gewerbe (oftmals ist es nur eine große Transaktion) derart haftungsträchtig und risikoreich (z.B. Anlagegeschäfte) ist, dass man sofort des Schutzes der wirksam gegründeten GmbH bedarf. Für den Fall gibt es so genannte Vorratsgesellschaften (gelegentlich auch als „Mantelgesellschaften" bezeichnet)

1. Vorratsgesellschaften

Vorratsgesellschaften sind GmbHs (oder AGs oder – seit einigen Jahren – auch englische „Limiteds") mit standardisierter Satzung, die ohne spezifischen Unternehmenszweck auf Vorrat gegründet wurden. Sie sind bereits im Handelsregister eingetragen und damit voll gegründet. Anstelle der Gründung einer „eigenen" GmbH erwirbt der Käufer die Geschäftsanteile der Vorrats-GmbH und lässt sich diese abtreten, bestellt sich zum Geschäftsführer und ändert Satzung und Unternehmenszweck so, wie er ihn benötigt.

Damit ist natürlich eine Zeitersparnis verbunden, auf der anderen Seite aber auch deutlich höhere Kosten. Der Notar muss zweimal bemüht werden (bei der Gründung und bei der Abtretung) und die durchweg professionellen Anbieter von Vorratsgesellschaften lassen sich ihre Dienste natürlich auch honorieren. Zwar hat zunehmender Wettbewerbsdruck auch hier die Preise in letzter Zeit eher sinken lassen, aber unter dem Strich liegen die Gesamtaufwendungen naturgemäß deutlich höher als im Fall der Eigengründung.

Wer eine vorgegründete GmbH kauft, zahlt zumeist bei Beurkundung des Abtretungsvertrages einen „Kaufpreis" von zurzeit etwa 27.500 Euro.[174] Darin enthalten ist ein Bankkonto der GmbH, auf dem sich das durch die Gründungskosten verminderte Stammkapital befindet. Da die professionellen Anbieter von Vorratsgesellschaften auch die Eröffnungsbilanz der Gesellschaften (ein Blatt Papier mit vielen Nullen[175]) teuer honorieren lassen, kann es durchaus vorkommen, dass der Kontostand bei lediglich 23.000 Euro einpendelt – bis hierhin hat man also bereits 4.500 Euro weggegeben. Dazu kommen noch die Kosten für die Abtretung des Geschäftsanteils, die (zwingend notwendige) Satzungsänderung, die Abberufung und Neubestellung des Geschäftsführers und die Anmeldung zum Handelsregister. Der Gesamtaufwand beim Notar unterscheidet sich nicht wesentlich von dem einer einfachen Neugründung. Man zahlt also für den Vorteil, von Anbeginn an eine vollwirksame juristische Person zu erhalten, einen Mehrpreis, der sich in Regionen von 4.000 bis 5.000 Euro bewegt.

Es ist noch nicht abzusehen, wie sich diese Preisentwicklung nach Wirksamwerden der Rechtsänderungen zum 01.01.2008 entwickeln wird, doch ist nicht davon auszugehen, dass der Aufwand nachhaltig sinken wird, zumal der Gründungsaufwand selber kaum abnimmt.

Hinzu kommt ein wesentlicher weiterer Nachteil: Das Stammkapital muss beim Erwerb einer Vorrats-GmbH immer in voller Höhe von mindestens 25.000 Euro (ab 01.01.2008: 10.000 Euro) vom Erwerber aufgebracht werden, die Möglichkeit, bei Gründung nur die Hälfte einzuzahlen,[176] besteht faktisch nicht, da Vorratsgesellschaften als Ein-Mann-Gesellschaften gegründet werden und der Verkäufer aus Haftungsgründen immer darauf besteht, dass der Übernehmer das gesamte Stammkapital ein-

---

[174] siehe etwa die Angebote der FORATIS AG unter www.foratis.com
[175] Musterbilanz in der Anlage, Kapitel VI 2
[176] siehe oben Kapitel III 6.1

zahlt. Nur so kann er sich davor schützen, im Fall einer späteren Insolvenz der Gesellschaft persönlich wegen deren Unterkapitalisierung belangt zu werden.[177]

Hinzu kommt noch, dass nach der Rechtsprechung die (Wieder- oder Erst-) Aktivierung einer unternehmenslosen GmbH wie eine Neugründung zu behandeln ist.[178] Das bedeutet, dass der Käufer auch nach dem Erwerb einer Vorratsgesellschaft alle Formalitäten einer Neugründung über sich ergehen lassen muss und auch wie ein Gründer persönlich für die Kapitalausstattung haftet – mit der einen Ausnahme, dass seine GmbH bereits eingetragen ist und die Haftungsbeschränkung damit wirksam ist.

Dies ist und bleibt daher das entscheidende Kriterium für eine Vorrats-GmbH. Wer hierauf verzichten kann, ist mit einer Eigengründung besser bedient, zumal diese demnächst ohnehin schneller vonstatten geht.

Es darf vermutet werden, dass die GmbH-Reform 2008 die Totengräberin so mancher Anbieterin von Vorratsgesellschaften sein wird. Diese sind dann nur noch in seltenen Ausnahmefällern, in denen es tatsächlich um Tage geht, gefragt.

2. Übernahme einer Alt-GmbH

Schließlich kann man auch eine ausgediente GmbH kaufen. Angebote in der Tagespresse gibt es immer wieder. Viele ausgediente GmbHs werden nach dem Ableben ihres Unternehmens sozusagen posthum an den Mann gebracht, oft genug für erstaunlich viel Geld. Hier werden oftmals Beträge gezahlt, die denen beim Erwerb von Vorratsgesellschaften in nichts nachstehen, was kaum nachzuvollziehen ist. Vom Kauf „gebrauchter"

---

[177] zu den Grundsätzen der Durchgriffshaftung wegen Unterkapitalisierung siehe im Einzelnen Kapitel III 6.2.2

[178] umstritten, aber gängige Praxis, vgl. OLG Frankfurt GmbHR 1999, 82

GmbHs mit einem früheren Unternehmen (gleich welcher Art) kann nämlich in aller Regel nur abgeraten werden.

Sollte die GmbH Verbindlichkeiten haben (etwa Steuerschulden), so bleiben diese auch nach der Veräußerung bei der Gesellschaft. Außerdem ist oft gar nicht erkennbar, ob auf eine GmbH, die früher einmal werbend tätig war, zukünftig aus dieser Tätigkeit nicht doch noch Ansprüche zukommen (etwa Gewährleistungsansprüche). Das kann oftmals nicht einmal der alte Geschäftsführer abschließend einschätzen. Ist dies aber später der Fall, kann sich der Kauf ganz schnell als Fass ohne Boden erweisen. Regressansprüche gegen den Verkäufer der GmbH helfen da meist nicht weiter. Sie erweisen sich oftmals als wertlos.

Hinzu kommt, dass nach der bereits zitierten Rechtsprechung, wonach die Reaktivierung einer untätigen GmbH einer Neugründung gleichkommt, der Nutzung von steuerlichen Verlustvorträgen heute nur noch in ganz seltenen Fällen gelingt. Wenn Gesellschafter und Unternehmenszweck komplett ausgetauscht bzw. geändert werden, hat sich dieses Thema schon meist von selbst erledigt,[179] so dass vom Kauf einer „gebrauchten" GmbH ohne Geschäftsbetrieb generell abgeraten werden muss.

---

[179] BFH StBl. II 1987, 310; entscheidend ist die „wirtschaftliche Identität"

VI. ANHÄNGE

Soweit in diesem Teil Mustertexte vorgestellt werden, haben diese nur den Charakter von Orientierungshilfen und vermögen die fachlich kompetente Beratung nicht zu ersetzen. Sie sollen dem Unternehmensgründer ein Gefühl dafür vermitteln, was auf ihn zukommt und wo er noch Handlungsbedarf hat. In Verbindung mit der Beurkundungspflicht und der damit einhergehenden Beratungspflicht des Notars vermögen sie unter Umständen aber auch, in einfacheren Fällen weitergehende kostenträchtige Beratung Dritter zu ersetzen.

1. GmbH-Satzung mit Erläuterungen

GESELLSCHAFTSVERTRAG

der Firma

XY-GmbH

§ 1

Firma, Sitz

Die Firma der Gesellschaft lautet:

„XY-GmbH"

Sitz der Gesellschaft ist ....

Kommentar:

Einzelheiten zur Firma der GmbH siehe oben[180]*. Die Firma muss dem Tätigkeitsbereich der GmbH entsprechen, darf nicht irreführend sein und insbesondere muss sie verwechselungssicher sein. Der Umfang der Verwechselungssicherheit bestimmt sich nach dem Tätigkeitsbereich der GmbH; ist diese deutschlandweit tätig, darf sie mit keiner anderen Firma in Deutschland verwechselungsfähig sein. Firmenzusätze wie „Deutschland" oder „International" müssen dem tatsächlichen Tätigkeitsbereich entsprechen.*

Der Sitz der Gesellschaft sollte lediglich mit dem Bezirk angegeben werden, nicht aber mit einer Adresse, um bei einem späteren Adresswechsel innerhalb des Bezirkes keine Satzungsänderung bewirken zu müssen.

§ 2

Gegenstand

Gegenstand des Unternehmens ist........................., die Verwaltung eigener Beteiligungen sowie alle hiermit in Zusammenhang stehenden Geschäfte.

---

[180] Ziff. IV 1.3

Die Gesellschaft kann sich an anderen Unternehmen gleicher Art beteiligen und solche erwerben. Die Gesellschaft kann unter der gleichen Voraussetzung Zweigniederlassungen errichten.

Kommentar:

Einzelheiten zum Unternehmensgegenstand und seiner Definition siehe im Text[181]. Die Ergänzung in Abs. 2 ist auch dann sinnvoll, wenn Beteiligungen oder Zweigniederlassungen noch nicht konkret geplant werden.

§ 3

Stammkapital

Das Stammkapital der Gesellschaft beträgt 10.000 Euro

Kommentar:

Die Angabe des Stammkapitals ist verpflichtend. Gibt es mehrere Gesellschafter, ist an dieser Stelle auch die Aufteilung des Stammkapitals vorzunehmen. Die Mindest-Stammeinlage beträgt ab 2008 ein Euro; ab dann darf ein Gesellschafter auch mehrere Anteile halten. Bei Sachgründungen muss der Gegenstand der Sacheinlage (z.B. Grundstück) und der Betrag des Stammkapitals, auf die sich die Sacheinlage bezieht, festgesetzt werden.[182] Einzelheiten zur Sachgründung siehe Text.[183]

§ 4

Kündigung

Die Gesellschaft kann jeweils nur auf das Ende eines Kalenderjahres mit einer Frist von 12 Monaten gekündigt werden.

Die Kündigung bedarf der Schriftform.

Kommentar:

Diese frei wählbare Regelung dient der Kontinuität der Gesellschaft.

Das Schriftformerfordernis ist aus Gründen der Beweissicherheit wichtig, es schließt mündliche Kündigungen aus. Weitere Erfordernisse (etwa die Übermitt-

---

[181] Kapitel IV 2.2
[182] § 5 Abs. 3 GmbHG
[183] Kapitel IV 7

lung per Einschreiben/Rückschein) sind nicht erforderlich, da es bereits nach dem BGB auf den Zugang der (schriftlichen) Erklärung beim Empfänger ankommt[184], den der Erklärende nach allgemeinen Regeln zu beweisen hat. Wie er dies erreicht (ob durch persönliche Übergabe oder auf anderem Wege, etwa eine Postzustellungsurkunde) kann man ihm überlassen.

Die gesetzlichen Auflösungsgründe[185]:

1. *Ablauf der im Gesellschaftsvertrag bestimmten Zeit;*
2. *Beschluss der Gesellschafter; derselbe bedarf, sofern im Gesellschaftsvertrag nicht ein anderes bestimmt ist, einer Mehrheit von drei Vierteilen der abgegebenen Stimmen;*
3. *gerichtliches Urteil oder durch Entscheidung des Verwaltungsgerichts oder der Verwaltungsbehörde in den Fällen der §§ 61 und 62;*
4. *Eröffnung des Insolvenzverfahrens; wird das Verfahren auf Antrag des Schuldners eingestellt oder nach der Bestätigung eines Insolvenzplans, der den Fortbestand der Gesellschaft vorsieht, aufgehoben, so können die Gesellschafter die Fortsetzung der Gesellschaft beschließen;*
5. *Rechtskraft des Beschlusses, durch den die Eröffnung des Insolvenzverfahrens mangels Masse abgelehnt worden ist;*
6. *Rechtskraft einer Verfügung des Registergerichts, durch welche nach den §§ 144a, 144b des Gesetzes über die Angelegenheiten der freiwilligen Gerichtsbarkeit ein Mangel des Gesellschaftsvertrags oder die Nichteinhaltung der Verpflichtungen nach § 19 Abs. 4 dieses Gesetzes festgestellt worden ist;*
7. *Löschung der Gesellschaft wegen Vermögenslosigkeit nach § 144a des Gesetzes über die Angelegenheiten der freiwilligen Gerichtsbarkeit.*

können bei Bedarf um weitere Tatbestände ergänzt werden. Regelmäßig erforderlich ist dies aber nicht.

Dieser Satzungsentwurf regelt nicht, was im Fall der Auflösung der GmbH geschieht. Es gelten daher die gesetzlichen Regelungen[186], die abgekürzt folgendes vorsehen:

1. *Bestellung von Liquidatoren (meist der oder die Geschäftsführer[187]*
2. *Abwicklung der laufenden Geschäfte[188]*

---

[184] § 130 BGB
[185] § 60 GmbHG
[186] §§ 65 ff GmbHG
[187] § 66 GmbHG
[188] § 70 GmbHG

3. Verteilung des Vermögens an die Gesellschafter im Verhältnis ihrer Anteile[189]

Diese gesetzlichen Regelungen genügen in den meisten Fällen einer kleineren GmbH. Wer hingegen meint, in seinem Fall seien aufwendige Abfindungsformeln erforderlich (etwa, weil der Beitrag der Gründer unterschiedlich war, nur einer hat z.B. wichtige Patente eingebracht), kann abweichende Regelungen treffen.

§ 5
Geschäftsjahr

Geschäftsjahr ist das Kalenderjahr.

Kommentar:

Die Wahl eines abweichenden Geschäftsjahrs ist zulässig, aber nur ratsam, wenn das Geschäft der GmbH saisonalen Besonderheiten unterliegt und der Jahresabschluss zum 31.12. daher kein korrektes Bild der Wirtschaftslage wiedergibt.

§ 6
Verfügung über Geschäftsanteile

Die Veräußerung, die Verpfändung sowie die Abtretung von Geschäftsanteilen oder Teilen von Geschäftsanteilen bedürfen der Zustimmung aller Gesellschafter und der Gesellschaft.

Kommentar:

Diese Regelung entspricht nicht dem gesetzlichen Leitbild, wonach jeder Gesellschafter frei über seine Anteile verfügen kann. Gerade bei kleinen GmbHs mit einem persönlichen Hintergrund ist eine derartige Verfügungsbeschränkung jedoch sinnvoll. Auch das Erfordernis der Zustimmung der Gesellschaft (und nicht nur der Gesellschafter) ist oftmals sinnvoll, um zu verhindern, dass Gesellschafter aufgenommen werden, die einen negativen Einfluss auf den Geschäftsbetrieb haben können (etwa Wettbewerber, Personen mit einem negativen Leumund etc.).

Man kann die Regelung auch noch um ein Vorkaufsrecht zugunsten der verbleibenden Gesellschafter ergänzen. Diese Regelung sähe dann beispielhaft folgendermaßen aus:

---

[189] § 72 GmbHG

Die verbleibenden Gesellschafter haben ein Vorkaufsrecht an den zu veräußernden Anteilen im Verhältnis ihrer eigenen Anteile zueinander. Machen Gesellschafter keinen Gebrauch von ihrem Vorkaufsrecht, fällt dieses anteilig an die anderen Gesellschafter.

Das Vorkaufsrecht muss innerhalb einer Frist von einem Monat nach Zugang der schriftlichen Anzeige der Verkaufsabsicht ausgeübt werden.

In diesem Fall gelten für das Vorkaufsrecht die Bedingungen des Kaufvertrages mit dem Dritten, insbesondere die hier getroffene Kaufpreisvereinbarung. Dies kann unter Umständen dazu führen, dass mit dem Dritten Mondpreise vereinbart werden, in der Hoffnung, dass die Gesellschafter diese zu akzeptieren haben. Um diese Möglichkeit auszuschließen, kann man eine Kaufpreisklausel einfügen, die den verkaufenden Gesellschafter aber nicht unangemessen benachteiligen darf. Sie könnte folgendermaßen aussehen:

Können sich ausscheidende und erwerbende Gesellschafter nicht über den Kaufpreis einigen, gilt der wahre Wert der Anteile als Kaufpreis vereinbart. Beim Ansatz des wahren Wertes bleibt der good will außer Betracht.

Können sich die Parteien über den wahren Wert nicht einigen, entscheidet hierüber mit verbindlicher Kraft ein Schiedsgutachter. Der Schiedsgutachter wird von der für den Sitz der Gesellschaft zuständigen Industrie- und Handelskammer bestimmt. Die Kosten des Schiedsgutachtens tragen Verkäufer und Käufer je zur Hälfte.

Kommentar:

Man muss sich bei der Wahl einer solchen oder ähnlichen Klausel immer bewusst sein, dass sie auch die Verfügung über eigene Geschäftsanteile beschränkt. Sie empfiehlt sich daher nur dann, wenn der Verkauf der eigenen Anteile unwahrscheinlich ist.

§ 7
Einziehung von Geschäftsanteilen

Die Gesellschaft ist befugt, den oder die Anteile eines Gesellschafters einzuziehen, wenn

1. der Gesellschafter seine Gesellschafterpflichten grob verletzt hat
2. der Gesellschafter ohne Zustimmung der Gesellschaft auf eigene Rechnung tätig ist
3. der Gesellschafter entmündigt wird
4. über das Vermögen des Gesellschafters ein Insolvenzverfahren eröffnet ist
5. über das Vermögen des Gesellschafters ein gerichtliches oder außergerichtliches Vergleichsverfahren eröffnet ist
6. die Zwangsvollstreckung in den Geschäftsanteil betrieben wird.

In den vorgenannten Fällen ist an den betroffenen Gesellschafter ein dem wahren Wert des Geschäftsanteils entsprechendes Entgelt zu zahlen. Bei der Berechnung des wahren Wertes bleibt der good will außer Ansatz.

Das Entgelt ist 6 Monate nach Wirksamwerden der Einziehung zur Zahlung fällig. Es ist mit 2% über dem Diskontsatz der EZB zu verzinsen.

Können sich die Parteien über den wahren Wert nicht einigen, entscheidet hierüber mit verbindlicher Kraft ein Schiedsgutachter. Der Schiedsgutachter wird von der für den Sitz der Gesellschaft zuständigen Industrie- und Handelskammer bestimmt. Die Kosten des Schiedsgutachtens trägt die Gesellschaft.

Kommentar:

Die Befugnis zur Einziehung von Geschäftsanteilen ist wichtig (und im Gesetz so nicht vorgesehen), weil sie verhindert, dass in den genannten Fällen Dritte (etwa der Insolvenzverwalter eines Gesellschafters) Gesellschafter werden. Dies gilt es unbedingt zu verhindern, weil die Interessen dieses Personenkreises in der Regel nicht mit denen der Gründer-Gesellschafter deckungsgleich sind. Das Interesse „fremder" Gesellschafter ist meist kurzfristig finanzieller Natur und kann bis hin zur Auflösung der Gesellschaft gehen. Mit der Einziehung wird bewirkt, dass der „Fremde" kein Gesellschafter wird. Zwar würde ein Pfandgläubiger kein Stimmrecht erhalten[190], aber alleine seine finanziellen Interessen können zu einem endgültigen Scheitern (und damit zur Insolvenz) einer kleinen GmbH führen.

Nicht oder nur in Grenzen verhindern kann man hingegen die Entschädigung für die Einziehung. Dies gilt insbesondere dann, wenn die Einziehung zulasten von Gläubigern (Pfändungsgläubigern eines Gesellschafters) oder zulasten von Vertretern von Gläubigerinteressen (Insolvenzverwalter) vollzogen wird. Wer hier in der Satzung etwa die entschädigungslose Einziehung oder aber die Einziehung zum (meist sehr geringen) Buchwert vorsieht, sieht sich dem Vorwurf der Gläubigerbenachteiligung ausgesetzt. Dies kann schlimmstenfalls zur Folge haben, dass die gesamte Einziehungsregelung nichtig ist[191]. Man sollte daher die Einziehung unbedingt unter den Vorbehalt einer angemessenen Entschädigung stellen, so wie das Beispiel dies vorsieht.

Ob darüber hinaus eine Ausdehnung dieser Regelung auf den Erbfall eines Gesellschafters erforderlich ist, muss nach den Umständen des Einzelfalles entschieden werden. Wenn die Leistungen und Beiträge der Gesellschafter höchstpersönlicher Natur sind und absehbar ist, dass deren Erben hierzu nicht in der Lage sind, sollte die vorgeschlagene Regelung auch auf den Erbfall ausgedehnt werden.

---

[190] LG Essen Rechtspfleger 73, 410
[191] OLG Frankfurt BB 76, 1147

§ 8

Gesellschafterversammlung

Die Gesellschafterversammlung ist alljährlich mindestens einmal einzuberufen. Die Gesellschafter sind mindestens eine Woche im Voraus vom Geschäftsführer zu laden. Jeder Gesellschafter kann darüber hinaus jederzeit die Einberufung einer Gesellschafterversammlung vom Geschäftsführer verlangen.

Die Beschlüsse der Gesellschafterversammlung werden mit einfacher Mehrheit gefasst, wenn das Gesetz nicht zwingend eine andere Mehrheit vorschreibt.

Das Stimmrecht kann durch Bevollmächtigte ausgeübt werden, wenn der Gesellschafter nicht oder nur unter erschwerten Bedingungen in der Lage ist, das Stimmrecht persönlich auszuüben.

Kommentar:

Die Regelungen über die Gesellschafterversammlung sind dann von Bedeutung, wenn es potentiellen Streit zwischen den Gesellschaftern gibt, bis dahin spielen sie regelmäßig keine große Rolle. Da man nur schwer vorhersehen kann, ob und wann in der Geschichte einer GmbH derartige Konstellationen auftreten, ist es sinnvoll, Grundregeln für die Gesellschafterversammlung bereits bei der Gründung zu implementieren. Wenn es keinen Streit – oder gar nur einen Gesellschafter – gibt, kann man ohnehin stillschweigend auf die Einhaltung der Formalien verzichten[192].

Abweichende Gestaltungen sind möglich.

Die Gestattung, sich in der Gesellschafterversammlung durch Dritte vertreten zu lassen, kann auf Wunsch gänzlich freigegeben werden, allerdings kann dies in der Praxis die Verständigung der Gesellschafter untereinander erschweren, wenn sich irgendwann nur noch deren Vertreter treffen. Oftmals wird die Vertretungsbefugnis auch auf Angehörige von Berufen beschränkt, die zur Verschwiegenheit verpflichtet sind (Rechtsanwälte, Notare, Steuerberater, Wirtschaftsprüfer).

Die Aufgaben der Gesellschafterversammlung ergeben sich aus dem Gesetz[193] und bedürfen jedenfalls im Normalfall nicht der Anpassung.

In der Ein-Mann-GmbH geht es weiter darum, dem Geschäftsführer möglichst weitgehende Rechte zu verschaffen; es kann ihm sogar gestattet werden, im eigenen Namen Geschäfte mit der Gesellschaft zu machen. Dafür muss er freilich von Verbot der Selbstvertretung (§ 181 BGB) befreit werden, wozu die Ermächtigungsgrundlage in der Satzung enthalten sein sollte[194]. Dass ein auf diese Weise von nahezu allen zivilrechtlichen Fesseln befreiter Geschäftsführer natürlich besonders

---

[192] § 48 GmbHG; im Fall einer Ein-Mann-GmbH ist aber aus Gründen der Beweissicherung unverzüglich eine Niederschrift über die Gesellschafterversammlung anzufertigen und zu unterschreiben (§ 48 Abs. 3 GmbHG)

[193] § 46 f GmbHG; Einzelheiten unter Ziff. III 4.2

[194] dazu gleich, § 9

anfällig dafür ist, Geschäfte mit der Gesellschaft zu machen, die deren Kapitalbestand aushöhlen, liegt auf der Hand[195].

Diese Interessenlage ist in der Mehr-Personen-GmbH oftmals vollkommen anders. Hier geht es vornehmlich darum, die Befugnisse des Geschäftsführers zugunsten der Gesellschafterversammlung einzuschränken und – bei mehreren Geschäftsführern - deren Befugnisse voneinander klar abzugrenzen. Es ist unbedingt anzuraten, dies alles in der Satzung und nicht nur in den Geschäftsführer-Anstellungsverträgen zu tun, da allein die Satzung und der korrespondierende Eintrag ins Handelsregister Dritten gegenüber Wirkung entfalten.

§ 9
Geschäftsführer

Die Gesellschaft hat einen oder mehrere Geschäftsführer Ist nur ein Geschäftsführer bestellt, vertritt dieser die Gesellschaft allein. Sind mehrere Geschäftsführer bestellt, so sind je zwei Geschäftsführer oder ein Geschäftsführer mit einem Prokuristen gemeinschaftlich zur Vertretung der Gesellschaft berechtigt. Einzelvertretungsbefugnis kann erteilt werden.

Den Geschäftsführern kann gestattet werden, bei der Vertretung der Gesellschaft zugleich in Vertretung eines Dritten und/oder in eigenem Namen zu handeln.

Kommentar:

Dieser Formulierungsvorschlag enthält das Minimum, das in jeder Satzung so enthalten sein sollte, selbst wenn es sich um eine unkomplizierte Ein-Mann-GmbH handelt. Er lässt alle Möglichkeiten offen, insbesondere auch die, im Falle des späteren Hinzukommens eines weiteren Geschäftsführers ohne vorherige Satzungsänderung Einzelvertretungsbefugnis zu gewähren.

Eine ausführlichere Regelung empfiehlt sich jedoch immer dann, wenn für die Gesellschaft von vorne herein zwei oder mehr Geschäftsführer, insbesondere Fremdgeschäftsführer, vorgesehen sind. In dem Fall kann es unter Umständen sogar sinnvoll sein, die Einzelgeschäftsführung gänzlich auszuschließen oder aber die Befugnisse der Geschäftsführer im Einzelnen mit Wirkung für jedermann im Handelsregister festzulegen. Für den Regelfall verbietet sich das aber wegen dem damit einhergehenden Verlust an Flexibilität.

Die Gestattung zum Abschluss von Verträgen in eigenem Namen (Abs. 2) ist fast immer sinnvoll, da man andernfalls für Geschäfte in eigenem Namen immer eine Genehmigung der Gesellschafterversammlung benötigen würde. Das wird nur in seltenen Ausnahmefällen (Fremdgeschäftsführer unter strenger Kontrolle) erforderlich sein.

Schließlich besteht die Möglichkeit, entgegen der gesetzlichen Regelung[196] die Abberufung des Geschäftsführers auf das Vorliegen eines wichtigen Grundes zu be-

---

[195] dazu eingehend Kapitel III 6.2.2

schränken, was immer dann sinnvoll ist, wenn der Geschäftsführer gleichzeitig (Haupt-) Gesellschafter ist und er für die Führung der Geschäfte der Gesellschaft unverzichtbar ist. Die Abberufung aus wichtigem Grund kann freilich nicht ausgeschlossen werden.

§ 10

Wettbewerb

Durch Gesellschafterbeschluss können alle oder einzelne Gesellschafter und/oder Geschäftsführer von einem Wettbewerbsverbot befreit werden. In diesem Fall sind sie berechtigt, unmittelbar oder mittelbar, in eigenen oder fremden Namen, für eigene oder fremde Rechnung mit der Gesellschaft in Wettbewerb zu treten, für Konkurrenzunternehmen tätig zu sein oder sich an solchen zu beteiligen.

Der Gesellschafterbeschluss kann die Befreiung auf bestimmte Fälle oder Tätigkeiten beschränken.

Kommentar:

Diese Regelung ist gerade in kleinen GmbHs wichtig, wenn der Geschäftsführer oder Gesellschafter noch anderweitig tätig sein muss. Allerdings ist zu beachten, dass die Befreiung vom Wettbewerbsverbot möglicherweise den Tatbestand einer verdeckten Gewinnausschüttung auslöst. Die Satzung sollte daher immer nur eine Befreiungsmöglichkeit, nicht aber die Befreiung als solche vorsehen. Letztere sollte nur dann durch Gesellschafterbeschluss erfolgen, wenn sie wirklich erforderlich ist.

---

[196] § 38 Abs. 1 GmbHG

2. GmbH-Eröffnungsbilanz

Dieses Muster enthält die einfache Eröffnungsbilanz einer durch Bargründung errichteten GmbH mit einem Stammkapital von 10.000 Euro. In anderen Fällen sollte ein Steuerberater zu Rate gezogen werden.

Eröffnungsbilanz

zum

…………2007

der

XY-GmbH zu ………………..

AKTIVA	PASSIVA
Ausstehende Einlage Euro 10.000	Eigenkapital:
	gez. Kapital: Euro 10.000
Euro 10.000	Euro 10.000

……………………., den ………… 2007

3. GmbH-Übernahmevertrag

Ein solcher oder ähnlicher Kaufvertrag wird geschlossen, wenn z.B. eine Vorrats-GmbH übernommen wird.[197] Da der Urkundsentwurf zur Nebenpflicht des Notars gehört,[198] soll das nachstehende Muster lediglich ein Gefühl für den regelungsbedürftigen Inhalt vermitteln. Im Übrigen ist darauf hinzuweisen, dass lediglich die Abtretung der Geschäftsanteile beurkundungspflichtig ist,[199] nicht aber der dieser Abtretung zugrunde liegende Kaufvertrag, den man aus Kostengründen also gesondert - privatschriftlich – abschließen sollte. Der Kaufpreis findet daher in diesem Entwurf auch keine Erwähnung.

---

[197] im Einzelnen: Kapitel V 1
[198] siehe dazu Kapitel IV 4, 11.1
[199] § 15 Abs. 3 GmbHG

Nr. ... der Urkundenrolle für 2007

VERHANDELT

Am 2007

in ....

Vor mir, dem Notar

....

erschienen heute in meinen Amtsräumen in ....:

1. Herr ...., von Beruf ...., geb. am ...., wohnhaft: ...., ausgewiesen durch ....,

    handelnd

    a) für sich persönlich

    b) als alleinvertretungsberechtigter Geschäftsführer der „XY-GmbH", eingetragen beim Handelsregister des AG XY, HR B XXXXX

2. Herr................., von Beruf ...., geb. ...., wohnhaft: ...., ausgewiesen durch ....

95

Die Erschienenen erklärten zu meinem Protokoll:

I.

An dem voll eingezahlten Stammkapital von ………..Euro der im Handelsregister des Amtsgerichts ………….. unter HR B ….. eingetragenen XY-GmbH (Gesellschaft mit beschränkter Haftung) ist der Erschienene zu 1) mit einem Geschäftsanteil im Nennwert von …………… Euro beteiligt. Der Geschäftsanteil ist voll eingezahlt.

II.

Dies vorausgeschickt, schließen die Erschienenen den nachstehenden

<u>GmbH – Anteilsübertragungsvertrag:</u>

1. Der Erschienene zu 1. überträgt seinen Geschäftsanteil im Nennwert von ……………Euro an den dies annehmenden Erschienenen zu 2. Der Erschienene zu 2 wird im Folgenden „Erwerber" genannt.

2. Die Übertragung erfolgt mit sofortiger Wirkung und mit allen Rechten und Pflichten einschließlich des Gewinnbezugsrechts ab dem heutigen Tage.

3. Der Erschienene zu 1. versichert, dass die XY-GmbH bisher keine Geschäftsaktivitäten entfaltet hat und keine Verbindlichkeiten entfaltet hat, so dass bis auf die Gründungs- und Verwaltungskosten keine Vorbelastungen bestehen.

4. Er erteilt hiermit die Genehmigung nach § 17 GmbHG.

5. Die XY-GmbH besitzt kein Grundeigentum.

6. Die mit der Übertragung verbundenen Kosten trägt der Erwerber.

III.

Der Notar wird beauftragt, dem Handelsregister eine Ausfertigung dieser Urkunde einzureichen.

Vorgelesen, genehmigt und unterschrieben:

(Verkäufer)

(Käufer)

(Notar)

4. Beschlüsse nach GmbH-Kauf

Nach dem Kauf einer Vorrats-GmbH sind eine Reihe weiterer Dinge in Bezug auf die GmbH zu erledigen. Der Sitz wird verlegt, die Satzung geändert und die Geschäftsführer ausgewechselt.

Nr. .... der Urkundenrolle für 2007

VERHANDELT

Am 2007

In ....

Vor mir, dem Notar

....

erschienen heute in meinen Amtsräumen in .... :

Herr ...., von Beruf ...., geb. ...., wohnhaft: ...., ausgewiesen durch ....

Der Erschienene erklärte zu meinem Protokoll:

I.

Herr .... ist der alleinige Gesellschafter der zu .... bestehenden, unter HR B ..... im Handelsregister des Amtsgerichts .... eingetragenen Gesellschaft mit beschränkter Haftung in Firma

XY-GmbH.

II.

Unter Verzicht auf die Einbehaltung aller Formen und Fristen für die Einberufung einer Gesellschafterversammlung halte ich hiermit eine solche ab und beschließe einstimmig, was folgt:

1. Der am .... geschlossene Gesellschaftsvertrag wird wie aus der Anlage ersichtlich vollständig neu gefasst.

2. Der Sitz der Gesellschaft wird nach .... verlegt.

3. Zum neuen Geschäftsführer der Gesellschaft wird bestellt:

    a. Herr ...., von Beruf ...., geb. ...., wohnhaft: ....

    b. Er vertritt die Gesellschaft einzeln und ist von den Beschränkungen des § 181 BGB befreit.

4. Der bisherige Geschäftsführer der Gesellschaft, Herr ...., von Beruf ......, geb. ...., wohnhaft: ...., wird hiermit abberufen. Ihm wird Entlastung erteilt.

III.

Die Beteiligten bevollmächtigen hiermit die Notariatsangestellten

....

und zwar je für sich allein und unter Befreiung von den Beschränkungen des § 181 BGB, Änderungen und Ergänzungen dieser Verhandlung einschließlich des Gesellschaftsvertrages zu beschließen und zum Handelsregister anzumelden.

Die Bevollmächtigten sind befugt, Untervollmachten zu erteilen.

Im Innenverhältnis wird vereinbart, dass von dieser Vollmacht nur nach vorheriger Rücksprache Gebrauch gemacht wird. Auf die Kapitalaufbringungsregeln wurde hingewiesen.

Vorgelesen, genehmigt und unterschrieben:

(Gesellschafter)

(Notar)

5. Gesetzestexte

5.1. Allgemeine Regelungen

§ 181 BGB

Ein Vertreter kann, soweit ihm nichts anderes gestattet ist, im Namen des Vertretenen mit sich im eigenen Namen oder als Vertreter eines Dritten ein Rechtsgeschäft nicht vornehmen, es sei denn, dass das Rechtsgeschäft ausschließlich in der Erfüllung einer Verbindlichkeit besteht.

5.2. Regeln zur Kaufmannschaft

§ 1 HGB

Kaufmann im Sinne dieses Gesetzbuchs ist, wer ein Handelsgewerbe betreibt.

Handelsgewerbe ist jeder Gewerbebetrieb, es sei denn, dass das Unternehmen nach Art oder Umfang einen in kaufmännischer Weise eingerichteten Geschäftsbetrieb nicht erfordert.

§ 6 HGB

Die in Betreff der Kaufleute gegebenen Vorschriften finden auch auf die Handelsgesellschaften Anwendung.

5.3. Regeln zum Handelsregister

§ 8 HGB

Das Handelsregister wird von den Gerichten geführt.

§ 9 HGB

Die Einsicht des Handelsregisters sowie der zum Handelsregister eingereichten Schriftstücke ist jedem zu Informationszwecken gestattet.

Von den Eintragungen und den zum Handelsregister eingereichten Schriftstücken kann eine Abschrift gefordert werden. Werden die Schriftstücke nach § 8a Abs. 3 aufbewahrt, so kann eine Abschrift nur von der Wiedergabe gefordert werden. Die Abschrift ist von der Geschäftsstelle zu beglaubigen, sofern nicht auf die Beglaubigung verzichtet wird. Wird das Handelsregister in maschineller Form als automatisierte Datei geführt, so tritt an die Stelle der Abschrift der Ausdruck und an die Stelle der beglaubigten Abschrift der amtliche Ausdruck.

Der Nachweis, wer der Inhaber einer in das Handelsregister eingetragenen Firma eines Einzelkaufmanns ist, kann Behörden gegenüber durch ein Zeugnis des Gerichts über die Eintragung geführt werden. Das gleiche gilt von dem Nachweis der Befugnis zur Vertretung eines Einzelkaufmanns oder einer Handelsgesellschaft.

Das Gericht hat auf Verlangen eine Bescheinigung darüber zu erteilen, dass bezüglich des Gegenstands einer Eintragung weitere Eintragungen nicht vorhanden sind oder dass eine bestimmte Eintragung nicht erfolgt ist.

§ 10 HGB

Das Gericht hat die Eintragungen in das Handelsregister durch den Bundesanzeiger und durch mindestens ein anderes Blatt bekannt zu machen. Soweit nicht das Gesetz ein anderes vorschreibt, werden die Eintragungen ihrem ganzen Inhalt nach veröffentlicht.

§ 12 HGB

Die Anmeldungen zur Eintragung in das Handelsregister sowie die zur Aufbewahrung bei dem Gericht bestimmten Zeichnungen von Unterschriften sind in öffentlich beglaubigter Form einzureichen.

Die gleiche Form ist für eine Vollmacht zur Anmeldung erforderlich. Rechtsnachfolger eines Beteiligten haben die Rechtsnachfolge soweit tunlich durch öffentliche Urkunden nachzuweisen.

§ 14 HGB

Wer seiner Pflicht zur Anmeldung, zur Zeichnung der Unterschrift oder zur Einreichung von Schriftstücken zum Handelsregister nicht nachkommt, ist hierzu von dem Registergericht durch Festsetzung von Zwangsgeld anzuhalten. Das einzelne Zwangsgeld darf den Betrag von fünftausend Euro nicht übersteigen.

§ 15 HGB

Solange eine in das Handelsregister einzutragende Tatsache nicht eingetragen und bekannt gemacht ist, kann sie von demjenigen, in dessen Angelegenheiten sie einzutragen war, einem Dritten nicht entgegengesetzt werden, es sei denn, dass sie diesem bekannt war.

Ist die Tatsache eingetragen und bekannt gemacht worden, so muss ein Dritter sie gegen sich gelten lassen. Dies gilt nicht bei Rechtshandlungen, die innerhalb von fünfzehn Tagen nach der Bekanntmachung vorgenommen werden, sofern der Dritte beweist, dass er die Tatsache weder kannte noch kennen musste.

Ist eine einzutragende Tatsache unrichtig bekannt gemacht, so kann sich ein Dritter demjenigen gegenüber, in dessen Angelegenheiten die Tatsache einzutragen war, auf die bekannt gemachte Tatsache berufen, es sei denn, dass er die Unrichtigkeit kannte.

Für den Geschäftsverkehr mit einer in das Handelsregister eingetragenen Zweigniederlassung ist im Sinne dieser Vorschriften die Eintragung und Bekanntmachung durch das Gericht der Zweigniederlassung entscheidend. Für Zweigniederlassungen von Unternehmen mit Sitz im Inland gilt dies nur für die in § 13 Abs. 6 angeführten Tatsachen.

§ 15a HGB

Ist bei einer juristischen Person oder einer Zweigniederlassung nach § 13e Abs. 1, die zur Anmeldung einer inländischen Geschäftsanschrift zum Handelsregister verpflichtet ist, die Zustellung einer Willenserklärung nicht unter der eingetragenen Anschrift oder einer sich aus dem Handelsregister ergebenden Anschrift einer für Zustellungen empfangsberechtigten Person oder einer ohne Ermittlungen bekannten anderen inländischen Anschrift möglich, kann die Zustellung nach den für die öffentliche Zustellung geltenden Vorschriften der Zivilprozessordnung erfolgen. Zuständig ist das Amtsgericht, in dessen Bezirk sich die eingetragene inländische Geschäftsanschrift der Gesellschaft befindet. § 132 des Bürgerlichen Gesetzbuchs bleibt unberührt.

5.4. Firmenrecht

§ 17 HGB

Die Firma eines Kaufmanns ist der Name, unter dem er seine Geschäfte betreibt und die Unterschrift abgibt.

Ein Kaufmann kann unter seiner Firma klagen und verklagt werden.

§ 18 HGB

Die Firma muss zur Kennzeichnung des Kaufmanns geeignet sein und Unterscheidungskraft besitzen.

Die Firma darf keine Angaben enthalten, die geeignet sind, über geschäftliche Verhältnisse, die für die angesprochenen Verkehrskreise wesentlich sind, irrezuführen. Im Verfahren vor dem Registergericht wird die Eignung zur Irreführung nur berücksichtigt, wenn sie ersichtlich ist

§ 19 HGB

Die Firma muss, auch wenn sie nach den §§ 21, 22, 24 oder nach anderen gesetzlichen Vorschriften fortgeführt wird, enthalten:

1. bei Einzelkaufleuten die Bezeichnung "eingetragener Kaufmann", "eingetragene Kauffrau" oder eine allgemein verständliche Abkürzung dieser Bezeichnung, insbesondere "e.K.", "e.Kfm." oder "e.Kfr.";
2. bei einer offenen Handelsgesellschaft die Bezeichnung "offene Handelsgesellschaft" oder eine allgemein verständliche Abkürzung dieser Bezeichnung;
3. bei einer Kommanditgesellschaft die Bezeichnung "Kommanditgesellschaft" oder eine allgemein verständliche Abkürzung dieser Bezeichnung.

Wenn in einer offenen Handelsgesellschaft oder Kommanditgesellschaft keine natürliche Person persönlich haftet, muss die Firma, auch wenn sie nach den §§ 21, 22, 24 oder nach anderen gesetzlichen Vorschriften fortgeführt wird, eine Bezeichnung enthalten, welche die Haftungsbeschränkung kennzeichnet.

§ 4 GmbHG

Die Firma der Gesellschaft muss, auch wenn sie nach § 22 des Handelsgesetzbuchs oder nach anderen gesetzlichen Vorschriften fortgeführt wird, die Bezeichnung "Gesellschaft mit beschränkter Haftung" oder eine allgemein verständliche Abkürzung dieser Bezeichnung enthalten.

§ 21 HGB

Wird ohne eine Änderung der Person der in der Firma enthaltene Name des Geschäftsinhabers oder eines Gesellschafters geändert, so kann die bisherige Firma fortgeführt werden.

§ 22 HGB

Wer ein bestehendes Handelsgeschäft unter Lebenden oder von Todes wegen erwirbt, darf für das Geschäft die bisherige Firma, auch wenn sie den Namen des bisherigen Geschäftsinhabers enthält, mit oder ohne Beifügung eines das Nachfolgeverhältnis andeutenden Zusatzes fortführen, wenn der bisherige Geschäftsinhaber oder dessen Erben in die Fortführung der Firma ausdrücklich willigen.

Wird ein Handelsgeschäft auf Grund eines Nießbrauchs, eines Pachtvertrags oder eines ähnlichen Verhältnisses übernommen, so finden diese Vorschriften entsprechende Anwendung.

§ 23 HGB

Die Firma kann nicht ohne das Handelsgeschäft, für welches sie geführt wird, veräußert werden.

§ 24 HGB

Wird jemand in ein bestehendes Handelsgeschäft als Gesellschafter aufgenommen oder tritt ein neuer Gesellschafter in eine Handelsgesellschaft ein oder scheidet aus einer solchen ein Gesellschafter aus, so kann ungeachtet dieser Veränderung die bisherige Firma fortgeführt werden, auch wenn sie den Namen des bisherigen Geschäftsinhabers oder Namen von Gesellschaftern enthält.

Bei dem Ausscheiden eines Gesellschafters, dessen Name in der Firma enthalten ist, bedarf es zur Fortführung der Firma der ausdrücklichen Einwilligung des Gesellschafters oder seiner Erben.

§ 25 HGB

Wer ein unter Lebenden erworbenes Handelsgeschäft unter der bisherigen Firma mit oder ohne Beifügung eines das Nachfolgeverhältnis andeutenden Zusatzes fortführt, haftet für alle im Betrieb des Geschäfts begründeten Verbindlichkeiten des früheren Inhabers. Die in dem Betrieb begründeten Forderungen gelten den Schuldnern gegenüber als auf den Erwerber übergegangen, falls der bisherige Inhaber oder seine Erben in die Fortführung der Firma gewilligt haben.

Eine abweichende Vereinbarung ist einem Dritten gegenüber nur wirksam, wenn sie in das Handelsregister eingetragen und bekannt gemacht oder von dem Erwerber oder dem Veräußerer dem Dritten mitgeteilt worden ist.

Wird die Firma nicht fortgeführt, so haftet der Erwerber eines Handelsgeschäfts für die früheren Geschäftsverbindlichkeiten nur, wenn ein besonderer Verpflichtungsgrund vorliegt, insbesondere wenn die Übernahme der Verbindlichkeiten in handelsüblicher Weise von dem Erwerber bekannt gemacht worden ist.

§ 26 HGB

Ist der Erwerber des Handelsgeschäfts auf Grund der Fortführung der Firma oder auf Grund der in § 25 Abs. 3 bezeichneten Kundmachung für die früheren Geschäftsverbindlichkeiten haftbar, so haftet der frühere Geschäftsinhaber für diese Verbindlichkeiten nur, wenn sie vor Ablauf von fünf Jahren fällig und daraus Ansprüche gegen ihn in einer in § 197 Abs. 1 Nr. 3 bis 5 des Bürgerlichen Gesetzbuchs bezeichneten Art festgestellt sind oder eine gerichtliche oder behördliche Vollstreckungshandlung vorgenommen oder beantragt wird; bei öffentlich-rechtlichen Verbindlichkeiten genügt der Erlass eines Verwaltungsakts. Die Frist beginnt im Falle des § 25 Abs. 1 mit dem Ende des Tages, an dem der neue Inhaber der Firma in das Handelsregister des Gerichts der Hauptniederlassung eingetragen wird, im Falle des § 25 Abs. 3 mit dem Ende des Tages, an dem die Übernahme kundgemacht wird. Die für die Verjährung geltenden §§ 204, 206, 210, 211 und 212 Abs. 2 und 3 des Bürgerlichen Gesetzbuches sind entsprechend anzuwenden.

Einer Feststellung in einer in § 197 Abs. 1 Nr. 3 bis 5 des Bürgerlichen Gesetzbuchs bezeichneten Art bedarf es nicht, soweit der frühere Geschäftsinhaber den Anspruch schriftlich anerkannt hat.

§ 27 HGB

Wird ein zu einem Nachlass gehörendes Handelsgeschäft von dem Erben fortgeführt, so findet auf die Haftung des Erben für die früheren Geschäftsverbindlichkeiten die Vorschriften des § 25 entsprechende Anwendung.

Die unbeschränkte Haftung nach § 25 Abs. 1 tritt nicht ein, wenn die Fortführung des Geschäfts vor dem Ablauf von drei Monaten nach dem Zeitpunkt, in welchem der Erbe von dem Anfall der Erbschaft Kenntnis erlangt hat, eingestellt wird. Auf den Lauf der Frist finden die für die Verjährung geltenden Vorschriften des § 210 des Bürgerlichen Gesetzbuchs entsprechende Anwendung. Ist bei dem Ablauf der drei Monate das Recht zur Ausschlagung der Erbschaft noch nicht verloren, so endigt die Frist nicht vor dem Ablauf der Ausschlagungsfrist.

§ 29 HGB

Jeder Kaufmann ist verpflichtet, seine Firma und den Ort seiner Handelsniederlassung bei dem Gericht, in dessen Bezirk sich die Niederlassung befindet, zur Eintragung in das Handelsregister anzumelden; er hat seine Namensunterschrift unter Angabe der Firma zur Aufbewahrung bei dem Gericht zu zeichnen.

§ 30 HGB

Jede neue Firma muss sich von allen an demselben Ort oder in derselben Gemeinde bereits bestehenden und in das Handelsregister oder in das Genossenschaftsregister eingetragenen Firmen deutlich unterscheiden.

Hat ein Kaufmann mit einem bereits eingetragenen Kaufmann die gleichen Vornamen und den gleichen Familiennamen und will auch er sich dieser Namen als seiner Firma bedienen, so muss er der Firma einen Zusatz beifügen, durch den sie sich von der bereits eingetragenen Firma deutlich unterscheidet.

Besteht an dem Ort oder in der Gemeinde, wo eine Zweigniederlassung errichtet wird, bereits eine gleiche eingetragene Firma, so muss der Firma für die Zweigniederlassung ein der Vorschrift des Absatzes 2 entsprechender Zusatz beigefügt werden.

Durch die Landesregierungen kann bestimmt werden, dass benachbarte Orte oder Gemeinden als ein Ort oder als eine Gemeinde im Sinne dieser Vorschriften anzusehen sind.

§ 31 HGB

Eine Änderung der Firma oder ihrer Inhaber sowie die Verlegung der Niederlassung an einen anderen Ort sind nach den Vorschriften des § 29 zur Eintragung in das Handelsregister anzumelden.

Das gleiche gilt, wenn die Firma erlischt. Kann die Anmeldung des Erlöschens einer eingetragenen Firma durch die hierzu Verpflichteten nicht auf dem in § 14 bezeichneten Weg herbeigeführt werden, so hat das Gericht das Erlöschen von Amts wegen einzutragen.

5.5. Regeln zur Buchführung und Bilanzierung

§ 238 HGB

Jeder Kaufmann ist verpflichtet, Bücher zu führen und in diesen seine Handelsgeschäfte und die Lage seines Vermögens nach den Grundsätzen ordnungsmäßiger Buchführung ersichtlich zu machen. Die Buchführung muss so beschaffen sein, dass sie einem sachverständigen Dritten innerhalb angemessener Zeit einen Überblick über die Geschäftsvorfälle und über die Lage des Unternehmens vermitteln kann. Die Geschäftsvorfälle müssen sich in ihrer Entstehung und Abwicklung verfolgen lassen.

Der Kaufmann ist verpflichtet, eine mit der Urschrift übereinstimmende Wiedergabe der abgesandten Handelsbriefe (Kopie, Abdruck, Abschrift oder sonstige Wiedergabe des Wortlauts auf einem Schrift-, Bild- oder anderen Datenträger) zurückzubehalten.

§ 239 HGB

Bei der Führung der Handelsbücher und bei den sonst erforderlichen Aufzeichnungen hat sich der Kaufmann einer lebenden Sprache zu bedienen. Werden Abkürzungen, Ziffern, Buchstaben oder Symbole verwendet, muss im Einzelfall deren Bedeutung eindeutig festliegen.

Die Eintragungen in Büchern und die sonst erforderlichen Aufzeichnungen müssen vollständig, richtig, zeitgerecht und geordnet vorgenommen werden.

Eine Eintragung oder eine Aufzeichnung darf nicht in einer Weise verändert werden, dass der ursprüngliche Inhalt nicht mehr feststellbar ist. Auch solche Veränderungen dürfen nicht vorgenommen werden, deren Beschaffenheit es ungewiss lässt, ob sie ursprünglich oder erst später gemacht worden sind.

Die Handelsbücher und die sonst erforderlichen Aufzeichnungen können auch in der geordneten Ablage von Belegen bestehen oder auf Datenträgern geführt werden, soweit diese Formen der Buchführung einschließlich des dabei angewandten Verfahrens den Grundsätzen ordnungsmäßiger Buchführung entsprechen. Bei der Führung der Handelsbücher und der sonst erforderlichen Aufzeichnungen auf Datenträgern muss insbesondere sichergestellt sein, dass die Daten während der Dauer der Aufbewahrungsfrist verfügbar sind und jederzeit innerhalb angemessener Frist lesbar gemacht werden können. Absätze 1 bis 3 gelten sinngemäß

§ 240 HGB

Jeder Kaufmann hat zu Beginn seines Handelsgewerbes seine Grundstücke, seine Forderungen und Schulden, den Betrag seines baren Geldes sowie seine sonstigen Vermögensgegenstände genau zu verzeichnen und dabei den Wert der einzelnen Vermögensgegenstände und Schulden anzugeben.

Er hat demnächst für den Schluss eines jeden Geschäftsjahrs ein solches Inventar aufzustellen. Die Dauer des Geschäftsjahrs darf zwölf Monate nicht überschreiten. Die Aufstellung des Inventars ist innerhalb der einem ordnungsmäßigen Geschäftsgang entsprechenden Zeit zu bewirken.

Vermögensgegenstände des Sachanlagevermögens sowie Roh-, Hilfs- und Betriebsstoffe können, wenn sie regelmäßig ersetzt werden und ihr Gesamtwert für das Unternehmen von nachrangiger Bedeutung ist, mit einer gleich bleibenden Menge und einem gleich bleibenden Wert angesetzt werden, sofern ihr Bestand in seiner Größe, seinem Wert und seiner Zusammensetzung nur geringen Veränderungen unterliegt. Jedoch ist in der Regel alle drei Jahre eine körperliche Bestandsaufnahme durchzuführen.

Gleichartige Vermögensgegenstände des Vorratsvermögens sowie andere gleichartige oder annähernd gleichwertige bewegliche Vermögensgegenstände und Schulden können jeweils zu einer Gruppe zusammengefasst und mit dem gewogenen Durchschnittswert angesetzt werden.

§ 242 HGB

Der Kaufmann hat zu Beginn seines Handelsgewerbes und für den Schluss eines jeden Geschäftsjahrs einen das Verhältnis seines Vermögens und seiner Schulden darstellenden Abschluss (Eröffnungsbilanz, Bilanz) aufzustellen. Auf die Eröffnungsbilanz sind die für den Jahresabschluss geltenden Vorschriften entsprechend anzuwenden, soweit sie sich auf die Bilanz beziehen.

Er hat für den Schluss eines jeden Geschäftsjahrs eine Gegenüberstellung der Aufwendungen und Erträge des Geschäftsjahrs (Gewinn- und Verlustrechnung) aufzustellen.

Die Bilanz und die Gewinn- und Verlustrechnung bilden den Jahresabschluss

§ 243 HGB

Der Jahresabschluss ist nach den Grundsätzen ordnungsmäßiger Buchführung aufzustellen.

Er muss klar und übersichtlich sein.

Der Jahresabschluss ist innerhalb der einem ordnungsmäßigen Geschäftsgang entsprechenden Zeit aufzustellen.

§ 244 HGB

Der Jahresabschluss ist in deutscher Sprache und in Euro aufzustellen.

§ 245 HGB

Der Jahresabschluss ist vom Kaufmann unter Angabe des Datums zu unterzeichnen. Sind mehrere persönlich haftende Gesellschafter vorhanden, so haben sie alle zu unterzeichnen.

§ 246 HGB

Der Jahresabschluss hat sämtliche Vermögensgegenstände, Schulden, Rechnungsabgrenzungsposten, Aufwendungen und Erträge zu enthalten, soweit gesetzlich nichts anderes bestimmt ist. Vermögensgegenstände, die unter Eigentumsvorbehalt erworben oder an Dritte für eigene oder fremde Verbindlichkeiten verpfändet oder in anderer Weise als Sicherheit übertragen worden sind, sind in die Bilanz des Sicherungsgebers aufzunehmen. In die Bilanz des Sicherungsnehmers sind sie nur aufzunehmen, wenn es sich um Bareinlagen handelt.

Posten der Aktivseite dürfen nicht mit Posten der Passivseite, Aufwendungen nicht mit Erträgen, Grundstücksrechte nicht mit Grundstückslasten verrechnet werden.

§ 247 HGB

In der Bilanz sind das Anlage- und das Umlaufvermögen, das Eigenkapital, die Schulden sowie die Rechnungsabgrenzungsposten gesondert auszuweisen und hinreichend aufzugliedern.

Beim Anlagevermögen sind nur die Gegenstände auszuweisen, die bestimmt sind, dauernd dem Geschäftsbetrieb zu dienen.

Passivposten, die für Zwecke der Steuern vom Einkommen und vom Ertrag zulässig sind, dürfen in der Bilanz gebildet werden. Sie sind als Sonderposten mit Rücklageanteil auszuweisen und nach Maßgabe des Steuerrechts aufzulösen. Einer Rückstellung bedarf es insoweit nicht.

§ 248 HGB

Aufwendungen für die Gründung des Unternehmens und für die Beschaffung des Eigenkapitals dürfen in die Bilanz nicht als Aktivposten aufgenommen werden.

Für immaterielle Vermögensgegenstände des Anlagevermögens, die nicht entgeltlich erworben wurden, darf ein Aktivposten nicht angesetzt werden.

Aufwendungen für den Abschluss von Versicherungsverträgen dürfen nicht aktiviert werden.

§ 249 HGB

Rückstellungen sind für ungewisse Verbindlichkeiten und für drohende Verluste aus schwebenden Geschäften zu bilden. Ferner sind Rückstellungen zu bilden für

1. im Geschäftsjahr unterlassene Aufwendungen für Instandhaltung, die im folgenden Geschäftsjahr innerhalb von drei Monaten, oder für Abraumbeseitigung, die im folgenden Geschäftsjahr nachgeholt werden,
2. Gewährleistungen, die ohne rechtliche Verpflichtung erbracht werden. Rückstellungen dürfen für unterlassene Aufwendungen für Instandhaltung auch gebildet werden, wenn die Instandhaltung nach Ablauf der Frist nach Satz 2 Nr. 1 innerhalb des Geschäftsjahrs nachgeholt wird.

Rückstellungen dürfen außerdem für ihrer Eigenart nach genau umschriebene, dem Geschäftsjahr oder einem früheren Geschäftsjahr zuzuordnende Aufwendungen gebildet werden, die am Abschlussstichtag wahrscheinlich oder sicher, aber hinsichtlich ihrer Höhe oder des Zeitpunkts ihres Eintritts unbestimmt sind.

Für andere als die in den Absätzen 1 und 2 bezeichneten Zwecke dürfen Rückstellungen nicht gebildet werden. Rückstellungen dürfen nur aufgelöst werden, soweit der Grund hierfür entfallen ist.

§ 252 HGB

Bei der Bewertung der im Jahresabschluss ausgewiesenen Vermögensgegenstände und Schulden gilt insbesondere folgendes

1. Die Wertansätze in der Eröffnungsbilanz des Geschäftsjahrs müssen mit denen der Schlussbilanz des vorhergehenden Geschäftsjahrs übereinstimmen.
2. Bei der Bewertung ist von der Fortführung der Unternehmenstätigkeit auszugehen, sofern dem nicht tatsächliche oder rechtliche Gegebenheiten entgegenstehen.
3. Die Vermögensgegenstände und Schulden sind zum Abschlussstichtag einzeln zu bewerten
4. Es ist vorsichtig zu bewerten, namentlich sind alle vorhersehbaren Risiken und Verluste, die bis zum Abschlussstichtag entstanden sind, zu berücksichtigen, selbst wenn diese erst zwischen dem Abschlussstichtag und dem Tag der Aufstellung des Jahresabschlusses bekannt geworden sind; Gewinne sind nur zu berücksichtigen, wenn sie am Abschlussstichtag realisiert sind.
5. Aufwendungen und Erträge des Geschäftsjahrs sind unabhängig von den Zeitpunkten der entsprechenden Zahlungen im Jahresabschluss zu berücksichtigen.
6. Die auf den vorhergehenden Jahresabschluss angewandten Bewertungsmethoden sollen beibehalten werden.

Von den Grundsätzen des Absatzes 1 darf nur in begründeten Ausnahmefällen abgewichen werden.

§ 253 HGB

Vermögensgegenstände sind höchstens mit den Anschaffungs- oder Herstellungskosten, vermindert um Abschreibungen nach den Absätzen 2 und 3 anzusetzen. Verbindlichkeiten sind zu ihrem Rückzahlungsbetrag, Rentenverpflichtungen, für die eine Gegenleistung nicht mehr zu erwarten ist, zu ihrem Barwert und Rückstellungen nur in Höhe des Betrags anzusetzen, der nach vernünftiger kaufmännischer Beurteilung notwendig ist; Rückstellungen dürfen nur abgezinst werden, soweit die ihnen zugrunde liegenden Verbindlichkeiten einen Zinsanteil enthalten.

Bei Vermögensgegenständen des Anlagevermögens, deren Nutzung zeitlich begrenzt ist, sind die Anschaffungs- oder Herstellungskosten um planmäßige Abschreibungen zu vermindern. Der Plan muss die Anschaffungs- oder Herstellungskosten auf die Geschäftsjahre verteilen, in denen der Vermögensgegenstand voraussichtlich genutzt werden kann. Ohne Rücksicht darauf, ob ihre Nutzung zeitlich begrenzt ist, können bei Vermögensgegenständen des Anlagevermögens außerplanmäßige Abschreibungen vorgenommen werden, um die Vermögensgegenstände mit dem niedrigeren Wert anzusetzen, der ihnen am Abschlussstichtag beizulegen ist; sie sind vorzunehmen bei einer voraussichtlich dauernden Wertminderung.

Bei Vermögensgegenständen des Umlaufvermögens sind Abschreibungen vorzunehmen, um diese mit einem niedrigeren Wert anzusetzen, der sich aus einem Börsen- oder Marktpreis am Abschlussstichtag ergibt. Ist ein Börsen- oder Marktpreis nicht festzustellen und übersteigen die Anschaffungs- oder Herstellungskosten den Wert, der den Vermögensgegenständen am Abschlussstichtag beizulegen ist, so ist auf diesen Wert abzuschreiben. Außerdem dürfen Abschreibungen vorgenommen werden, soweit diese nach vernünftiger kaufmännischer Beurteilung notwendig sind, um zu verhindern, dass in der nächsten Zukunft der Wertansatz dieser Vermögensgegenstände auf Grund von Wertschwankungen geändert werden muss.

Abschreibungen sind außerdem im Rahmen vernünftiger kaufmännischer Beurteilung zulässig.

Ein niedrigerer Wertansatz nach Absatz 2 Satz 3, Absatz 3 oder 4 darf beibehalten werden, auch wenn die Gründe dafür nicht mehr bestehen.

§ 254 HGB

Abschreibungen können auch vorgenommen werden, um Vermögensgegenstände des Anlage- oder Umlaufvermögens mit dem niedrigeren Wert anzusetzen, der auf einer nur steuerrechtlich zulässigen Abschreibung beruht. § 253 Abs. 5 ist entsprechend anzuwenden.

§ 255 HGB

Anschaffungskosten sind die Aufwendungen, die geleistet werden, um einen Vermögensgegenstand zu erwerben und ihn in einen betriebsbereiten Zustand zu versetzen, soweit sie dem Vermögensgegenstand einzeln zugeordnet werden können. Zu den Anschaffungskosten gehören auch die Nebenkosten sowie die nachträglichen Anschaffungskosten. Anschaffungspreisminderungen sind abzusetzen.

Herstellungskosten sind die Aufwendungen, die durch den Verbrauch von Gütern und die Inanspruchnahme von Diensten für die Herstellung eines Vermögensgegenstands, seine Erweiterung oder für eine über seinen ursprünglichen Zustand hinausgehende wesentliche Verbesserung entstehen. Dazu gehören die Materialkosten, die Fertigungskosten und die Sonderkosten der Fertigung. Bei der Berechnung der Herstellungskosten dürfen auch angemessene Teile der notwendigen Materialgemeinkosten, der notwendigen Fertigungsgemeinkosten und des Wertverzehrs des Anlagevermögens, soweit er durch die Fertigung veranlasst ist, eingerechnet werden. Kosten der allgemeinen Verwaltung sowie Aufwendungen für soziale Einrichtungen des Betriebs, für freiwillige soziale Leistungen und für betriebliche Altersversorgung brauchen nicht eingerechnet zu werden. Aufwendungen im Sinne der Sätze 3 und 4 dürfen nur insoweit berücksichtigt werden, als sie auf den Zeitraum der Herstellung entfallen. Vertriebskosten dürfen nicht in die Herstellungskosten einbezogen werden.

Zinsen für Fremdkapital gehören nicht zu den Herstellungskosten. Zinsen für Fremdkapital, das zur Finanzierung der Herstellung eines Vermögensgegenstands verwendet wird, dürfen angesetzt werden, soweit sie auf den Zeitraum der Herstellung entfallen; in diesem Falle gelten sie als Herstellungskosten des Vermögensgegenstands.

Als Geschäfts- oder Firmenwert darf der Unterschiedsbetrag angesetzt werden, um den die für die Übernahme eines Unternehmens bewirkte Gegenleistung den Wert der einzelnen Vermögensgegenstände des Unternehmens abzüglich der Schulden im Zeitpunkt der Übernahme übersteigt. Der Betrag ist in jedem folgenden Geschäftsjahr zu mindestens einem Viertel durch Abschreibungen zu tilgen. Die Abschreibung des Geschäfts- oder Firmenwerts kann aber auch planmäßig auf die Geschäftsjahre verteilt werden, in denen er voraussichtlich genutzt wird.

§ 257 HGB

Jeder Kaufmann ist verpflichtet, die folgenden Unterlagen geordnet aufzubewahren:

1. Handelsbücher, Inventare, Eröffnungsbilanzen, Jahresabschlüsse, Lageberichte, Konzernabschlüsse, Konzernlageberichte sowie die zu ihrem Verständnis erforderlichen Arbeitsanweisungen und sonstigen Organisationsunterlagen,
2. die empfangenen Handelsbriefe,
3. Wiedergaben der abgesandten Handelsbriefe,
4. Belege für Buchungen in den von ihm nach § 238 Abs. 1 zu führenden Büchern (Buchungsbelege).
5. Handelsbriefe sind nur Schriftstücke, die ein Handelsgeschäft betreffen.

Mit Ausnahme der Eröffnungsbilanzen, Jahresabschlüsse und der Konzernabschlüsse können die in Absatz 1 aufgeführten Unterlagen auch als Wiedergabe auf einem Bildträger oder auf anderen Datenträgern aufbewahrt werden, wenn dies den Grundsätzen ordnungsmäßiger Buchführung entspricht und sichergestellt ist, dass die Wiedergabe oder die Daten

1. mit den empfangenen Handelsbriefen und den Buchungsbelegen bildlich und mit den anderen Unterlagen inhaltlich übereinstimmen, wenn sie lesbar gemacht werden,
2. während der Dauer der Aufbewahrungsfrist verfügbar sind und jederzeit innerhalb angemessener Frist lesbar gemacht werden können.

Sind Unterlagen auf Grund des § 239 Abs. 4 Satz 1 auf Datenträgern hergestellt worden, können statt des Datenträgers die Daten auch ausgedruckt aufbewahrt werden; die ausgedruckten Unterlagen können auch nach Satz 1 aufbewahrt werden.

Die in Absatz 1 Nr. 1 und 4 aufgeführten Unterlagen sind zehn Jahre, die sonstigen in Absatz 1 aufgeführten Unterlagen sechs Jahre aufzubewahren.

Die Aufbewahrungsfrist beginnt mit dem Schluss des Kalenderjahrs, in dem die letzte Eintragung in das Handelsbuch gemacht, das Inventar aufgestellt, die Eröffnungsbilanz oder der Jahresabschluss festgestellt, der Konzernabschluss aufgestellt, der Handelsbrief empfangen oder abgesandt worden oder der Buchungsbeleg entstanden ist.

§ 264 HGB

Die gesetzlichen Vertreter einer Kapitalgesellschaft haben den Jahresabschluss (§ 242) um einen Anhang zu erweitern, der mit der Bilanz und der Gewinn- und Verlustrechnung eine Einheit bildet, sowie einen Lagebericht aufzustellen. Der Jahresabschluss und der Lagebericht sind von den gesetzlichen Vertretern in den ersten drei Monaten des Geschäftsjahrs für das vergangene Geschäftsjahr aufzustellen. Kleine Kapitalgesellschaften (§ 267 Abs. 1) brauchen den Lagebericht nicht aufzustellen; sie dürfen den Jahresabschluss auch später aufstellen, wenn dies einem ordnungsmäßigen Geschäftsgang entspricht, jedoch innerhalb der ersten sechs Monate des Geschäftsjahres.

Der Jahresabschluss der Kapitalgesellschaft hat unter Beachtung der Grundsätze ordnungsmäßiger Buchführung ein den tatsächlichen Verhältnissen entsprechendes Bild der Vermögens-, Finanz- und Ertragslage der Kapitalgesellschaft zu vermitteln. Führen besondere Umstände dazu, dass der Jahresabschluss ein den tatsächlichen Verhältnissen entsprechendes Bild im Sinne des Satzes 1 nicht vermittelt, so sind im Anhang zusätzliche Angaben zu machen.

§ 267 HGB

Kleine Kapitalgesellschaften sind solche, die mindestens zwei der drei nachstehenden Merkmale nicht überschreiten:

1. Euro 3.438.000 Bilanzsumme nach Abzug eines auf der Aktivseiteausgewiesenen Fehlbetrags (§ 268 Abs. 3)
2. Euro 6.875.000 Umsatzerlöse in den zwölf Monaten vor dem Abschlussstichtag.
3. Im Jahresdurchschnitt fünfzig Arbeitnehmer.

Mittelgroße Kapitalgesellschaften sind solche, die mindestens zwei der drei in Absatz 1 bezeichneten Merkmale überschreiten und jeweils mindestens zwei der drei nachstehenden Merkmale nicht überschreiten:

1. Euro 13.750.000 Bilanzsumme nach Abzug eines auf der Aktivseiteausgewiesenen Fehlbetrags (§ 268 Abs. 3)
2. Euro 27.500.000 Umsatzerlöse in den zwölf Monaten vor dem Abschlussstichtag.
3. Im Jahresdurchschnitt zweihundertfünfzig Arbeitnehmer.

Große Kapitalgesellschaften sind solche, die mindestens zwei der drei in Absatz 2 bezeichneten Merkmale überschreiten. Eine Kapitalgesellschaft gilt stets als große, wenn sie einen organisierten Markt im Sinne des § 2 Abs. 5 des Wertpapierhandelsgesetzes durch von ihr ausgegebene Wertpapiere im Sinne des § 2 Abs. 1 Satz 1 des Wertpapierhandelsgesetzes in Anspruch nimmt oder die Zulassung zum Handel an einem organisierten Markt beantragt worden ist.

Die Rechtsfolgen der Merkmale nach den Absätzen 1 bis 3 Satz 1 treten nur ein, wenn sie an den Abschlussstichtagen von zwei aufeinander folgenden Geschäftsjahren über- oder unterschritten werden. Im Falle der Umwandlung oder Neugründung treten die Rechtsfolgen schon ein, wenn die Voraussetzungen des Absatzes 1, 2 oder 3 am ersten Abschlussstichtag nach der Umwandlung oder Neugründung vorliegen.

Als durchschnittliche Zahl der Arbeitnehmer gilt der vierte Teil der Summe aus den Zahlen der jeweils am 31. März, 30. Juni, 30. September und 31. Dezember beschäftigten Arbeitnehmer einschließlich der im Ausland beschäftigten Arbeitnehmer, jedoch ohne die zu ihrer Berufsausbildung Beschäftigten.

Informations- und Auskunftsrechte der Arbeitnehmervertretungen nach anderen Gesetzen bleiben unberührt.

§ 272 HGB

Gezeichnetes Kapital ist das Kapital, auf das die Haftung der Gesellschafter für die Verbindlichkeiten der Kapitalgesellschaft gegenüber den Gläubigern beschränkt ist. Die ausstehenden Einlagen auf das gezeichnete Kapital sind auf der Aktivseite vor dem Anlagevermögen gesondert auszuweisen und entsprechend zu bezeichnen; die davon eingeforderten Einlagen sind zu vermerken.

5.6. GmbH-Gesetz 2008 (vollständiger Text unter Zugrundelegung des MoMiG)[200]

§ 1

Gesellschaften mit beschränkter Haftung können nach Maßgabe der Bestimmungen dieses Gesetzes zu jedem gesetzlich zulässigen Zweck durch eine oder mehrere Personen errichtet werden.

§ 2

Der Gesellschaftsvertrag bedarf notarieller Form. Er ist von sämtlichen Gesellschaftern zu unterzeichnen.

Die Unterzeichnung durch Bevollmächtigte ist nur auf Grund einer notariell errichteten oder beglaubigten Vollmacht zulässig.

§ 3

Der Gesellschaftsvertrag muss enthalten:

1. die Firma und den Sitz der Gesellschaft,
2. den Gegenstand des Unternehmens,
3. den Betrag des Stammkapitals,
4. den Betrag der von jedem Gesellschafter auf das Stammkapital zu leistenden Einlage (Stammeinlage).

Soll das Unternehmen auf eine gewisse Zeit beschränkt sein oder sollen den Gesellschaftern außer der Leistung von Kapitaleinlagen noch andere Verpflichtungen gegenüber der Gesellschaft auferlegt werden, so bedürfen auch diese Bestimmungen der Aufnahme in den Gesellschaftsvertrag.

§ 4

Die Firma der Gesellschaft muss, auch wenn sie nach § 22 des Handelsgesetzbuchs oder nach anderen gesetzlichen Vorschriften fortgeführt wird, die Bezeichnung "Gesellschaft mit beschränkter Haftung" oder eine allgemein verständliche Abkürzung dieser Bezeichnung enthalten.

§ 4a

Sitz der Gesellschaft ist der Ort im Inland, den der Gesellschaftsvertrag bestimmt.

---

[200] Gesetz betreffend die Gesellschaft mit beschränkter Haftung vom 20.04.1892 in der Fassung vom 19.07.2002, die Änderungen durch das MoMiG 2008 sind redaktionell eingearbeitet

§ 5

Das Stammkapital der Gesellschaft muss mindestens zehntausend Euro betragen.

Der Betrag der Stammeinlage muss auf volle Euro lauten.

Sollen Sacheinlagen geleistet werden, so müssen der Gegenstand der Sacheinlage und der Betrag der Stammeinlage, auf die sich die Sacheinlage bezieht, im Gesellschaftsvertrag festgesetzt werden. Die Gesellschafter haben in einem Sachgründungsbericht die für die Angemessenheit der Leistungen für Sacheinlagen wesentlichen Umstände darzulegen und beim Übergang eines Unternehmens auf die Gesellschaft die Jahresergebnisse der beiden letzten Geschäftsjahre anzugeben.

§ 6

Die Gesellschaft muss einen oder mehrere Geschäftsführer haben. Geschäftsführer kann nur eine natürliche, unbeschränkt geschäftsfähige Person sein. Geschäftsführer kann nicht sein, wer

1 als Betreuter bei der Besorgung seiner Vermögensangelegenheiten ganz oder teilweise einem Einwilligungsvorbehalt (§ 1903 des Bürgerlichen Gesetzbuchs) unterliegt,

2 aufgrund eines gerichtlichen Urteils oder einer vollziehbaren Entscheidung einer Verwaltungsbehörde einen Beruf, einen Berufszweig, ein Gewerbe oder einen Gewerbezweig nicht ausüben darf, sofern der Unternehmensgegenstand ganz oder teilweise mit dem Gegenstand des Verbots übereinstimmt,

3 wegen einer vorsätzlich begangenen Straftat nach a) §82oder§84, b) den §§ 399 bis 401 des Aktiengesetzes oder c) den §§ 283 bis 283d des Strafgesetzbuchs verurteilt worden ist; dieser Ausschluss gilt für die Dauer von fünf Jahren seit der Rechtskraft des Urteils, wobei die Zeit nicht eingerechnet wird, in welcher der Täter auf behördliche Anordnung in einer Anstalt verwahrt worden ist."

Zu Geschäftsführern können Gesellschafter oder andere Personen bestellt werden. Die Bestellung erfolgt entweder im Gesellschaftsvertrag oder nach Maßgabe der Bestimmungen des dritten Abschnitts.

Ist im Gesellschaftsvertrag bestimmt, dass sämtliche Gesellschafter zur Geschäftsführung berechtigt sein sollen, so gelten nur die der Gesellschaft bei Festsetzung dieser Bestimmung angehörenden Personen als die bestellten Geschäftsführer

§ 7

Die Gesellschaft ist bei dem Gericht, in dessen Bezirk sie ihren Sitz hat, zur Eintragung in das Handelsregister anzumelden.

Die Anmeldung darf erst erfolgen, wenn auf jede Stammeinlage, soweit nicht Sacheinlagen vereinbart sind, ein Viertel eingezahlt ist. Insgesamt muss auf das Stammkapital mindestens soviel eingezahlt sein, dass der Gesamtbetrag der eingezahlten Geldeinlagen zuzüglich des Gesamtbetrags der Stammeinlagen, für die Sacheinlagen zu leisten sind, die Hälfte des Mindeststammkapitals gemäß § 5 Abs. 1 erreicht.

Die Sacheinlagen sind vor der Anmeldung der Gesellschaft zur Eintragung in das Handelsregister so an die Gesellschaft zu bewirken, dass sie endgültig zur freien Verfügung der Geschäftsführer stehen.

§ 8

Der Anmeldung müssen beigefügt sein:

1. der Gesellschaftsvertrag und im Fall des § 2 Abs. 2 die Vollmachten der Vertreter, welche den Gesellschaftsvertrag unterzeichnet haben, oder eine beglaubigte Abschrift dieser Urkunden,
2. die Legitimation der Geschäftsführer, sofern dieselben nicht im Gesellschaftsvertrag bestellt sind,
3. eine von den Anmeldenden unterschriebene Liste der Gesellschafter, aus welcher Name, Vorname, Geburtsdatum und Wohnort der letzteren sowie der Betrag der von einem jeden derselben übernommenen Stammeinlage ersichtlich ist,
4. im Fall des § 5 Abs. 4 die Verträge, die den Festsetzungen zugrunde liegen oder zu ihrer Ausführung geschlossen worden sind, und der Sachgründungsbericht,
5. wenn Sacheinlagen vereinbart sind, Unterlagen darüber, dass der Wert der Sacheinlagen den Betrag der dafür übernommenen Stammeinlagen erreicht,
6. in dem Fall, dass der Gegenstand des Unternehmens der staatlichen Genehmigung bedarf, der Nachweis der Genehmigung. Der Nachweis nach Nummer 6 kann durch die Versicherung ersetzt werden, dass die Genehmigung bei der zuständigen Stelle beantragt worden ist. Wird die Erteilung der Genehmigung nicht innerhalb von drei Monaten oder einer vom Gericht gesetzten anderen Frist nach der Eintragung der Gesellschaft in das Handelsregister nachgewiesen, so wird die Gesellschaft von Amts wegen gelöscht; § 141a Abs. 2 des Gesetzes über die Angelegenheiten der freiwilligen Gerichtsbarkeit gilt entsprechend. Rechtsmittel können nur darauf gestützt werden, dass die Genehmigung bei Ablauf der in Satz 3 genannten Frist bereits bestandskräftig erteilt war."

In der Anmeldung ist die Versicherung abzugeben, dass die in § 7 Abs. 2 und 3 bezeichneten Leistungen auf die Stammeinlagen bewirkt sind und dass der Gegenstand der Leistungen sich endgültig in der freien Verfügung der Geschäftsführer befindet.

In der Anmeldung haben die Geschäftsführer zu versichern, dass keine Umstände vorliegen, die ihrer Bestellung nach § 6 Abs. 2 Satz 2 Nr. 2 und 3 entgegenstehen, und dass sie über ihre unbeschränkte Auskunftspflicht gegenüber dem Gericht belehrt worden sind. Die Belehrung nach § 53 Abs. 2 des Bundeszentralregistergesetzes kann auch durch einen Notar vorgenommen werden

In der Anmeldung sind ferner anzugeben:
1   eine inländische Geschäftsanschrift,
2   Art und Umfang der Vertretungsbefugnis der Geschäftsführer.

Die Geschäftsführer haben ihre Unterschrift zur Aufbewahrung bei dem Gericht zu zeichnen.

§ 9

Erreicht der Wert einer Sacheinlage im Zeitpunkt der Anmeldung der Gesellschaft zur Eintragung in das Handelsregister nicht den Betrag der dafür übernommenen Stammeinlage, hat der Gesellschafter in Höhe des Fehlbetrags eine Einlage in Geld zu leisten.

Der Anspruch der Gesellschaft verjährt in fünf Jahren seit der Eintragung der Gesellschaft in das Handelsregister.

§ 9a

Werden zum Zweck der Errichtung der Gesellschaft falsche Angaben gemacht, so haben die Gesellschafter und Geschäftsführer der Gesellschaft als Gesamtschuldner fehlende Einzahlungen zu leisten, eine Vergütung, die nicht unter den Gründungsaufwand aufgenommen ist, zu ersetzen und für den sonst entstehenden Schaden Ersatz zu leisten.

Wird die Gesellschaft von Gesellschaftern durch Einlagen oder Gründungsaufwand vorsätzlich oder aus grober Fahrlässigkeit geschädigt, so sind ihr alle Gesellschafter als Gesamtschuldner zum Ersatz verpflichtet.

Von diesen Verpflichtungen ist ein Gesellschafter oder ein Geschäftsführer befreit, wenn er die die Ersatzpflicht begründenden Tatsachen weder kannte noch bei Anwendung der Sorgfalt eines ordentlichen Geschäftsmannes kennen musste.

Neben den Gesellschaftern sind in gleicher Weise Personen verantwortlich, für deren Rechnung die Gesellschafter Stammeinlagen übernommen haben. Sie können sich auf ihre eigene Unkenntnis nicht wegen solcher Umstände berufen, die ein für ihre Rechnung handelnder Gesellschafter kannte oder bei Anwendung der Sorgfalt eines ordentlichen Geschäftsmannes kennen musste.

§ 9b

Ein Verzicht der Gesellschaft auf Ersatzansprüche nach § 9a oder ein Vergleich der Gesellschaft über diese Ansprüche ist unwirksam, soweit der Ersatz zur Befriedigung der Gläubiger der Gesellschaft erforderlich ist. Dies gilt nicht, wenn der Ersatzpflichtige zahlungsunfähig ist und sich zur Abwendung des Insolvenzverfahrens mit seinen Gläubigern vergleicht oder wenn die Ersatzpflicht in einem Insolvenzplan geregelt wird.

Ersatzansprüche der Gesellschaft nach § 9a verjähren in fünf Jahren. Die Verjährung beginnt mit der Eintragung der Gesellschaft in das Handelsregister oder, wenn die zum Ersatz verpflichtende Handlung später begangen worden ist, mit der Vornahme der Handlung.

§ 9c

Ist die Gesellschaft nicht ordnungsgemäß errichtet und angemeldet, so hat das Gericht die Eintragung abzulehnen. Dies gilt auch, wenn Sacheinlagen überbewertet worden sind.

Wegen einer mangelhaften, fehlenden oder nichtigen Bestimmung des Gesellschaftsvertrages darf das Gericht die Eintragung nach Absatz 1 nur ablehnen, soweit diese Bestimmung, ihr Fehlen oder ihre Nichtigkeit

   1. Tatsachen oder Rechtsverhältnisse betrifft, die nach § 3 Abs. 1 oder auf Grund anderer zwingender gesetzlicher Vorschriften in dem Gesellschaftsvertrag be-

stimmt sein müssen oder die in das Handelsregister einzutragen oder von dem Gericht bekannt zu machen sind,
2. Vorschriften verletzt, die ausschließlich oder überwiegend zum Schutze der Gläubiger der Gesellschaft oder sonst im öffentlichen Interesse gegeben sind, oder
3. die Nichtigkeit des Gesellschaftsvertrages zur Folge hat.

§ 10

Bei der Eintragung in das Handelsregister sind die Firma und der Sitz der Gesellschaft und eine inländische Geschäftsanschrift, der Gegenstand des Unternehmens, die Höhe des Stammkapitals, der Tag des Abschlusses des Gesellschaftsvertrags und die Personen der Geschäftsführer anzugeben. Ferner ist einzutragen, welche Vertretungsbefugnis die Geschäftsführer haben.

Enthält der Gesellschaftsvertrag eine Bestimmung über die Zeitdauer der Gesellschaft, so ist auch diese Bestimmung einzutragen. Sofern eine Person, die für Zustellungen an die Gesellschaft empfangsberechtigt ist, mit einer inländischen Anschrift zur Eintragung in das Handelsregister angemeldet wird, sind auch diese Angaben einzutragen; Dritten gegenüber gilt die Empfangsberechtigung als fortbestehend, bis sie im Handelsregister gelöscht und die Löschung bekannt gemacht worden ist, es sei denn, dass die fehlende Empfangsberechtigung dem Dritten bekannt war.

In die Veröffentlichung, durch welche die Eintragung bekannt gemacht wird, sind außer dem Inhalt der Eintragung die nach § 5 Abs. 4 Satz 1 getroffenen Festsetzungen und, sofern der Gesellschaftsvertrag besondere Bestimmungen über die Form enthält, in welcher öffentliche Bekanntmachungen der Gesellschaft erlassen werden, auch diese Bestimmungen aufzunehmen.

§ 11

Vor der Eintragung in das Handelsregister des Sitzes der Gesellschaft besteht die Gesellschaft mit beschränkter Haftung als solche nicht.

Ist vor der Eintragung im Namen der Gesellschaft gehandelt worden, so haften die Handelnden persönlich und solidarisch.

§ 13

Die Gesellschaft mit beschränkter Haftung als solche hat selbständig ihre Rechte und Pflichten; sie kann Eigentum und andere dingliche Rechte an Grundstücken erwerben, vor Gericht klagen und verklagt werden.

Für die Verbindlichkeiten der Gesellschaft haftet den Gläubigern derselben nur das Gesellschaftsvermögen.

Die Gesellschaft gilt als Handelsgesellschaft im Sinne des Handelsgesetzbuchs

§ 14

Der Geschäftsanteil jedes Gesellschafters bestimmt sich nach dem Betrag der von ihm übernommenen Stammeinlage.

§ 15

Die Geschäftsanteile sind veräußerlich und vererblich.

Erwirbt ein Gesellschafter zu seinem ursprünglichen Geschäftsanteil weitere Geschäftsanteile, so behalten dieselben ihre Selbständigkeit.

Zur Abtretung von Geschäftsanteilen durch Gesellschafter bedarf es eines in notarieller Form geschlossenen Vertrags.

Der notariellen Form bedarf auch eine Vereinbarung, durch welche die Verpflichtung eines Gesellschafters zur Abtretung eines Geschäftsanteils begründet wird. Eine ohne diese Form getroffene Vereinbarung wird jedoch durch den nach Maßgabe des vorigen Absatzes geschlossenen Abtretungsvertrag gültig.

Durch den Gesellschaftsvertrag kann die Abtretung der Geschäftsanteile an weitere Voraussetzungen geknüpft, insbesondere von der Genehmigung der Gesellschaft abhängig gemacht werden.

§ 16

Im Verhältnis zur Gesellschaft gilt als Gesellschafter nur, wer als solcher in der zum Handelsregister eingereichten Gesellschafterliste eingetragen ist. Die Änderung der Liste durch die Geschäftsführer erfolgt auf Mitteilung und Nachweis.

Für die zur Zeit der Einreichung der Gesellschafterliste zum Handelsregister (§ 40 Abs. 1 Satz 1) rückständigen Leistungen auf den Geschäftsanteil haftet der Erwerber neben dem Veräußerer.

Zugunsten desjenigen, der einen Geschäftsanteil oder ein Recht daran durch Rechtsgeschäft erwirbt, gilt der Inhalt der Gesellschafterliste insoweit als richtig, als die den Geschäftsanteil betreffende Eintragung im Zeitpunkt des Erwerbs seit mindestens drei Jahren unrichtig in der Gesellschafterliste enthalten und kein Widerspruch zum Handelsregister eingereicht worden ist. Dies gilt nicht, wenn dem Erwerber die Unrichtigkeit bekannt ist.

§ 17

Die Veräußerung von Teilen eines Geschäftsanteils kann nur mit Genehmigung der Gesellschaft stattfinden.

Die Genehmigung bedarf der schriftlichen Form; sie muss die Person des Erwerbers und den Betrag bezeichnen, welcher von der Stammeinlage des ungeteilten Geschäftsanteils auf jeden der durch die Teilung entstehenden Geschäftsanteile entfällt.

Im Gesellschaftsvertrag kann bestimmt werden, dass für die Veräußerung von Teilen eines Geschäftsanteils an andere Gesellschafter, sowie für die Teilung von Geschäftsanteilen verstorbener Gesellschafter unter deren Erben eine Genehmigung der Gesellschaft nicht erforderlich ist.

Bei der Teilung von Geschäftsanteilen ist § 5 Abs. 2 entsprechend anzuwenden

Außer dem Fall der Veräußerung und Vererbung findet eine Teilung von Geschäftsanteilen nicht statt. Sie kann im Gesellschaftsvertrag auch für diese Fälle ausgeschlossen werden.

§ 18

Steht ein Geschäftsanteil mehreren Mitberechtigten ungeteilt zu, so können sie die Rechte aus demselben nur gemeinschaftlich ausüben.

Für die auf den Geschäftsanteil zu bewirkenden Leistungen haften sie der Gesellschaft solidarisch.

Rechtshandlungen, welche die Gesellschaft gegenüber dem Inhaber des Anteils vorzunehmen hat, sind, sofern nicht ein gemeinsamer Vertreter der Mitberechtigten vorhanden ist, wirksam, wenn sie auch nur gegenüber einem Mitberechtigten vorgenommen werden. Gegenüber mehreren Erben eines Gesellschafters findet diese Bestimmung nur in Bezug auf Rechtshandlungen Anwendung, welche nach Ablauf eines Monats seit dem Anfall der Erbschaft vorgenommen werden.

§ 19

Die Einzahlungen auf die Stammeinlagen sind nach dem Verhältnis der Geldeinlagen zu leisten.

Von der Verpflichtung zur Leistung der Einlagen können die Gesellschafter nicht befreit werden. Gegen den Anspruch der Gesellschaft ist die Aufrechnung nicht zulässig. An dem Gegenstand einer Sacheinlage kann wegen Forderungen, welche sich nicht auf den Gegenstand beziehen, kein Zurückbehaltungsrecht geltend gemacht werden.

Durch eine Kapitalherabsetzung können die Gesellschafter von der Verpflichtung zur Leistung von Einlagen höchstens in Höhe des Betrags befreit werden, um den das Stammkapital herabgesetzt worden ist.

Eine Leistung auf die Stammeinlage, welche nicht in Geld besteht oder welche durch Aufrechnung einer für die Überlassung von Vermögensgegenständen zu gewährenden Vergütung bewirkt wird, befreit den Gesellschafter von seiner Verpflichtung nur, soweit sie in Ausführung einer nach § 5 Abs. 4 Satz 1 getroffenen Bestimmung erfolgt.

§ 20

Ein Gesellschafter, welcher den auf die Stammeinlage eingeforderten Betrag nicht zur rechten Zeit einzahlt, ist zur Entrichtung von Verzugszinsen von Rechts wegen verpflichtet.

§ 21

Im Fall verzögerter Einzahlung kann an den säumigen Gesellschafter eine erneute Aufforderung zur Zahlung binnen einer zu bestimmenden Nachfrist unter Androhung seines Ausschlusses mit dem Geschäftsanteil, auf welchen die Zahlung zu erfolgen hat, erlassen werden. Die Aufforderung erfolgt mittels eingeschriebenen Briefes. Die Nachfrist muss mindestens einen Monat betragen.

Nach fruchtlosem Ablauf der Frist ist der säumige Gesellschafter seines Geschäftsanteils und der geleisteten Teilzahlungen zugunsten der Gesellschaft verlustig zu erklären. Die Erklärung erfolgt mittels eingeschriebenen Briefes.

Wegen des Ausfalls, welchen die Gesellschaft an dem rückständigen Betrag oder den später auf den Geschäftsanteil eingeforderten Beträgen der Stammeinlage erleidet, bleibt ihr der ausgeschlossene Gesellschafter verhaftet.

§ 22

Wegen des von dem ausgeschlossenen Gesellschafter nicht bezahlten Betrags der Stammeinlage ist der Gesellschaft der letzte und jeder frühere, bei der Gesellschaft angemeldete Rechtsvorgänger des Ausgeschlossenen verhaftet.

Ein früherer Rechtsvorgänger haftet nur, soweit die Zahlung von dessen Rechtsnachfolger nicht zu erlangen ist; dies ist bis zum Beweis des Gegenteils anzunehmen, wenn der letztere die Zahlung nicht bis zum Ablauf eines Monats geleistet hat, nachdem an ihn die Zahlungsaufforderung und an den Rechtsvorgänger die Benachrichtigung von derselben erfolgt ist.

Die Haftpflicht des Rechtsvorgängers ist auf die innerhalb der Frist von fünf Jahren auf die Stammeinlage eingeforderten Einzahlungen beschränkt. Die Frist beginnt mit dem Tage, an welchem der Übergang des Geschäftsanteils auf den Rechtsnachfolger ordnungsmäßig angemeldet ist.

Der Rechtsvorgänger erwirbt gegen Zahlung des rückständigen Betrags den Geschäftsanteil des ausgeschlossenen Gesellschafters.

§ 23

Ist die Zahlung des rückständigen Betrags von Rechtsvorgängern nicht zu erlangen, so kann die Gesellschaft den Geschäftsanteil im Wege öffentlicher Versteigerung verkaufen lassen. Eine andere Art des Verkaufs ist nur mit Zustimmung des ausgeschlossenen Gesellschafters zulässig.

§ 24

Soweit eine Stammeinlage weder von den Zahlungspflichtigen eingezogen, noch durch Verkauf des Geschäftsanteils gedeckt werden kann, haben die übrigen Gesellschafter den Fehlbetrag nach Verhältnis ihrer Geschäftsanteile aufzubringen. Beiträge, welche von einzelnen Gesellschaftern nicht zu erlangen sind, werden nach dem bezeichneten Verhältnis auf die übrigen verteilt.

§ 25

Von den in den §§ 21 bis 24 bezeichneten Rechtsfolgen können die Gesellschafter nicht befreit werden.

§ 26

Im Gesellschaftsvertrag kann bestimmt werden, dass die Gesellschafter über den Betrag der Stammeinlagen hinaus die Einforderung von weiteren Einzahlungen (Nachschüssen) beschließen können.

Die Einzahlung der Nachschüsse hat nach Verhältnis der Geschäftsanteile zu erfolgen.

Die Nachschusspflicht kann im Gesellschaftsvertrag auf einen bestimmten, nach Verhältnis der Geschäftsanteile festzusetzenden Betrag beschränkt werden.

§ 27

Ist die Nachschusspflicht nicht auf einen bestimmten Betrag beschränkt, so hat jeder Gesellschafter, falls er die Stammeinlage vollständig eingezahlt hat, das Recht, sich von der Zahlung des auf den Geschäftsanteil eingeforderten Nachschusses dadurch zu befreien, dass er innerhalb eines Monats nach der Aufforderung zur Einzahlung den Geschäftsanteil der Gesellschaft zur Befriedigung aus demselben zur Verfügung stellt. Ebenso kann die Gesellschaft, wenn der Gesellschafter binnen der angegebenen Frist weder von der bezeichneten Befugnis Gebrauch macht, noch die Einzahlung leistet, demselben mittels eingeschriebenen Briefes erklären, dass sie den Geschäftsanteil als zur Verfügung gestellt betrachte.

Die Gesellschaft hat den Geschäftsanteil innerhalb eines Monats nach der Erklärung des Gesellschafters oder der Gesellschaft im Wege öffentlicher Versteigerung verkaufen zu lassen. Eine andere Art des Verkaufs ist nur mit Zustimmung des Gesellschafters zulässig. Ein nach Deckung der Verkaufskosten und des rückständigen Nachschusses verbleibender Überschuss gebührt dem Gesellschafter.

Ist die Befriedigung der Gesellschaft durch den Verkauf nicht zu erlangen, so fällt der Geschäftsanteil der Gesellschaft zu. Dieselbe ist befugt, den Anteil für eigene Rechnung zu veräußern.

Im Gesellschaftsvertrag kann die Anwendung der vorstehenden Bestimmungen auf den Fall beschränkt werden, dass die auf den Geschäftsanteil eingeforderten Nachschüsse einen bestimmten Betrag überschreiten.

§ 28

Ist die Nachschusspflicht auf einen bestimmten Betrag beschränkt, so finden, wenn im Gesellschaftsvertrag nicht ein anderes festgesetzt ist, im Fall verzögerter Einzahlung von Nachschüssen die auf die Einzahlung der Stammeinlagen bezüglichen Vorschriften der §§ 21 bis 23 entsprechende Anwendung. Das gleiche gilt im Fall des § 27 Abs. 4 auch bei unbeschränkter Nachschusspflicht, soweit die Nachschüsse den im Gesellschaftsvertrag festgesetzten Betrag nicht überschreiten.

Im Gesellschaftsvertrag kann bestimmt werden, dass die Einforderung von Nachschüssen, auf deren Zahlung die Vorschriften der §§ 21 bis 23 Anwendung finden, schon vor vollständiger Einforderung der Stammeinlagen zulässig ist.

§ 29

Die Gesellschafter haben Anspruch auf den Jahresüberschuss zuzüglich eines Gewinnvortrags und abzüglich eines Verlustvortrags, soweit der sich ergebende Betrag nicht nach Gesetz oder Gesellschaftsvertrag, durch Beschluss nach Absatz 2 oder als zusätzlicher Aufwand auf Grund des Beschlusses über die Verwendung des Ergebnisses von der Verteilung unter die Gesellschafter ausgeschlossen ist. Wird die Bilanz unter Berücksichtigung der teilweisen Ergebnisverwendung aufgestellt oder werden Rücklagen aufgelöst, so haben die Gesellschafter abweichend von Satz 1 Anspruch auf den Bilanzgewinn.
Im Beschluss über die Verwendung des Ergebnisses können die Gesellschafter, wenn der Gesellschaftsvertrag nichts anderes bestimmt, Beträge in Gewinnrücklagen einstellen oder als Gewinn vortragen.

Die Verteilung erfolgt nach Verhältnis der Geschäftsanteile. Im Gesellschaftsvertrag kann ein anderer Maßstab der Verteilung festgesetzt werden.

Unbeschadet der Absätze 1 und 2 und abweichender Gewinnverteilungsabreden nach Absatz 3 Satz 2 können die Geschäftsführer mit Zustimmung des Aufsichtsrats oder der Gesellschafter den Eigenkapitalanteil von Wertaufholungen bei Vermögensgegenständen des Anlage- und Umlaufvermögens und von bei der steuerrechtlichen Gewinnermittlung gebildeten Passivposten, die nicht im Sonderposten mit Rücklageanteil ausgewiesen werden dürfen, in andere Gewinnrücklagen einstellen. Der Betrag dieser Rücklagen ist entweder in der Bilanz gesondert auszuweisen oder im Anhang anzugeben.

§ 30

Das zur Erhaltung des Stammkapitals erforderliche Vermögen der Gesellschaft darf an die Gesellschafter nicht ausgezahlt werden. Wird das Stammkapital durch eine Vorleistung aufgrund eines Vertrags mit einem Gesellschafter angegriffen, so gilt das Verbot des Satzes 1 nicht, wenn die Leistung im Interesse der Gesellschaft liegt. Satz 1 ist zudem auf die Rückgewähr eines Gesellschafterdarlehens auch dann nicht anzuwenden, wenn das Darlehen der Gesellschaft in einem Zeitpunkt gewährt worden ist, in dem die Gesellschafter der Gesellschaft als ordentliche Kaufleute Eigenkapital zugeführt hätten; gleiches gilt für Leistungen auf Forderungen aus Rechtshandlungen, die einer solchen Darlehensgewährung wirtschaftlich entsprechen

Eingezahlte Nachschüsse können, soweit sie nicht zur Deckung eines Verlustes am Stammkapital erforderlich sind, an die Gesellschafter zurückgezahlt werden. Die Zurückzahlung darf nicht vor Ablauf von drei Monaten erfolgen, nachdem der Rückzahlungsbeschluss durch die im Gesellschaftsvertrag für die Bekanntmachungen der Gesellschaft bestimmten öffentlichen Blätter und in Ermangelung solcher durch die für die Bekanntmachungen aus dem Handelsregister bestimmten öffentlichen Blätter bekannt gemacht ist. Im Fall des § 28 Abs. 2 ist die Zurückzahlung von Nachschüssen vor der Volleinzahlung des Stammkapitals unzulässig. Zurückgezahlte Nachschüsse gelten als nicht eingezogen.

§ 31

Zahlungen, welche den Vorschriften des § 30 zuwider geleistet sind, müssen der Gesellschaft erstattet werden.

War der Empfänger in gutem Glauben, so kann die Erstattung nur insoweit verlangt werden, als sie zur Befriedigung der Gesellschaftsgläubiger erforderlich ist.

Ist die Erstattung von dem Empfänger nicht zu erlangen, so haften für den zu erstattenden Betrag, soweit er zur Befriedigung der Gesellschaftsgläubiger erforderlich ist, die übrigen Gesellschafter nach Verhältnis ihrer Geschäftsanteile. Beiträge, welche von einzelnen Gesellschaftern nicht zu erlangen sind, werden nach dem bezeichneten Verhältnis auf die übrigen verteilt.

Zahlungen, welche auf Grund der vorstehenden Bestimmungen zu leisten sind, können den Verpflichteten nicht erlassen werden.

Die Ansprüche der Gesellschaft verjähren in fünf Jahren; die Verjährung beginnt mit dem Ablauf des Tages, an welchem die Zahlung, deren Erstattung beansprucht wird, geleistet ist. In den Fällen des Absatzes 1 findet § 19 Abs. 5 Satz 2 entsprechende Anwendung.

Für die in den Fällen des Absatzes 3 geleistete Erstattung einer Zahlung sind den Gesellschaftern die Geschäftsführer, welchen in Betreff der geleisteten Zahlung ein Verschulden zur Last fällt, solidarisch zum Ersatz verpflichtet.

§ 32

Liegt die in § 31 Abs. 1 bezeichnete Voraussetzung nicht vor, so sind die Gesellschafter in keinem Fall verpflichtet, Beträge, welche sie in gutem Glauben als Gewinnanteile bezogen haben, zurückzuzahlen.

§ 33

Die Gesellschaft kann eigene Geschäftsanteile, auf welche die Einlagen noch nicht vollständig geleistet sind, nicht erwerben oder als Pfand nehmen.

Eigene Geschäftsanteile, auf welche die Einlagen vollständig geleistet sind, darf sie nur erwerben, sofern der Erwerb aus dem über den Betrag des Stammkapitals hinaus vorhandenen Vermögen geschehen und die Gesellschaft die nach § 272 Abs. 4 des Handelsgesetzbuchs vorgeschriebene Rücklage für eigene Anteile bilden kann, ohne das Stammkapital oder eine nach dem Gesellschaftsvertrag zu bildende Rücklage zu mindern, die nicht zu Zahlungen an die Gesellschafter verwandt werden darf. Als Pfand nehmen darf sie solche Geschäftsanteile nur, soweit der Gesamtbetrag der durch Inpfandnahme eigener Geschäftsanteile gesicherten Forderungen oder, wenn der Wert der als Pfand genommenen Geschäftsanteile niedriger ist, dieser Betrag nicht höher ist als das über das Stammkapital hinaus vorhandene Vermögen. Ein Verstoß gegen die Sätze 1 und 2 macht den Erwerb oder die Inpfandnahme der Geschäftsanteile nicht unwirksam; jedoch ist das schuldrechtliche Geschäft über einen verbotswidrigen Erwerb oder eine verbotswidrige Inpfandnahme nichtig.

Der Erwerb eigener Geschäftsanteile ist ferner zulässig zur Abfindung von Gesellschaftern nach § 29 Abs. 1, § 125 Satz 1 in Verbindung mit § 29 Abs. 1, § 207 Abs. 1 Satz 1 des Umwandlungsgesetzes, sofern der Erwerb binnen sechs Monaten nach dem Wirksamwerden der Umwandlung oder nach der Rechtskraft der gerichtlichen Entscheidung erfolgt und die Gesellschaft die nach § 272 Abs. 4 des Handelsgesetzbuchs vorgeschriebene Rücklage für eigene Anteile bilden kann, ohne das Stammkapital oder eine nach dem Gesellschaftsvertrag zu bildende Rücklage zu mindern, die nicht zu Zahlungen an die Gesellschafter verwandt werden darf.

§ 34

Die Einziehung (Amortisation) von Geschäftsanteilen darf nur erfolgen, soweit sie im Gesellschaftsvertrag zugelassen ist.

Ohne die Zustimmung des Anteilsberechtigten findet die Einziehung nur statt, wenn die Voraussetzungen derselben vor dem Zeitpunkt, in welchem der Berechtigte den Geschäftsanteil erworben hat, im Gesellschaftsvertrag festgesetzt waren.

Die Bestimmung in § 30 Abs. 1 bleibt unberührt.

§ 35

Die Gesellschaft wird durch die Geschäftsführer gerichtlich und außergerichtlich vertreten. An die Vertreter der Gesellschaft können unter der im Handelsregister eingetragenen Geschäftsanschrift Willenserklärungen abgegeben und Schriftstücke zugestellt werden. Unabhängig hiervon kann die Zustellung auch unter der eingetragenen Anschrift der empfangsberechtigten Person nach § 10 Abs. 2 Satz 2 erfolgen

Dieselben haben in der durch den Gesellschaftsvertrag bestimmten Form ihre Willenserklärungen kundzugeben und für die Gesellschaft zu zeichnen. Ist nichts darüber bestimmt, so muss die Erklärung und Zeichnung durch sämtliche Geschäftsführer erfolgen. Ist der Gesellschaft gegenüber eine Willenserklärung abzugeben, so genügt es, wenn dieselbe an einen der Geschäftsführer erfolgt. Hat eine Gesellschaft keinen Geschäftsführer (Führungslosigkeit), so wird die Gesellschaft für den Fall, dass ihr gegenüber Willenserklärungen abgegeben oder Schriftstücke zugestellt werden, durch jeden Gesellschafter vertreten; ist für die Gesellschaft ein Aufsichtsrat bestellt, so wird sie durch diesen vertreten

Die Zeichnung geschieht in der Weise, dass die Zeichnenden zu der Firma der Gesellschaft ihre Namensunterschrift beifügen.

Befinden sich alle Geschäftsanteile der Gesellschaft in der Hand eines Gesellschafters oder daneben in der Hand der Gesellschaft und ist er zugleich deren alleiniger Geschäftsführer, so ist auf seine Rechtsgeschäfte mit der Gesellschaft § 181 des Bürgerlichen Gesetzbuchs anzuwenden. Rechtsgeschäfte zwischen ihm und der von ihm vertretenen Gesellschaft sind, auch wenn er nicht alleiniger Geschäftsführer ist, unverzüglich nach ihrer Vornahme in eine Niederschrift aufzunehmen.

§ 35a

Auf allen Geschäftsbriefen, die an einen bestimmten Empfänger gerichtet werden, müssen die Rechtsform und der Sitz der Gesellschaft, (ab 01.01.2006: *der Betrag des gezeichneten und des eingezahlten Kapitals*) das Registergericht des Sitzes der Gesellschaft und die Nummer, unter der die Gesellschaft in das Handelsregister eingetragen ist, sowie alle Geschäftsführer und, sofern die Gesellschaft einen Aufsichtsrat gebildet und dieser einen Vorsitzenden hat, der Vorsitzende des Aufsichtsrats mit dem Familiennamen und mindestens einem ausgeschriebenen Vornamen angegeben werden. (entfällt ab 01.01.2006: *Werden Angaben über das Kapital der Gesellschaft gemacht, so müssen in jedem Fall das Stammkapital sowie, wenn nicht alle in Geld zu leistenden Einlagen eingezahlt sind, der Gesamtbetrag der ausstehenden Einlagen angegeben werden.*)

Der Angaben nach Absatz 1 Satz 1 bedarf es nicht bei Mitteilungen oder Berichten, die im Rahmen einer bestehenden Geschäftsverbindung ergehen und für die üblicherweise Vordrucke verwendet werden, in denen lediglich die im Einzelfall erforderlichen besonderen Angaben eingefügt zu werden brauchen.

Bestellscheine gelten als Geschäftsbriefe im Sinne des Absatzes 1. Absatz 2 ist auf sie nicht anzuwenden.

Auf allen Geschäftsbriefen und Bestellscheinen, die von einer Zweigniederlassung einer Gesellschaft mit beschränkter Haftung mit Sitz im Ausland verwendet werden, müssen das Register, bei dem die Zweigniederlassung geführt wird, und die Nummer des Registereintrags angegeben werden; im übrigen gelten die Vorschriften der Absätze 1 bis 3 für die Angaben bezüglich der Haupt- und der Zweigniederlassung, soweit nicht das ausländische Recht Abweichungen nötig macht. Befindet sich die ausländische Gesellschaft in Liquidation, so sind auch diese Tatsache sowie alle Liquidatoren anzugeben.

§ 36

Die Gesellschaft wird durch die in ihrem Namen von den Geschäftsführern vorgenommenen Rechtsgeschäfte berechtigt und verpflichtet; es ist gleichgültig, ob das Geschäft ausdrücklich im Namen der Gesellschaft vorgenommen worden ist, oder ob die Umstände ergeben, dass es nach dem Willen der Beteiligten für die Gesellschaft vorgenommen werden sollte.

§ 37

Die Geschäftsführer sind der Gesellschaft gegenüber verpflichtet, die Beschränkungen einzuhalten, welche für den Umfang ihrer Befugnis, die Gesellschaft zu vertreten, durch den Gesellschaftsvertrag oder, soweit dieser nicht ein anderes bestimmt, durch die Beschlüsse der Gesellschafter festgesetzt sind.

Gegen dritte Personen hat eine Beschränkung der Befugnis der Geschäftsführer, die Gesellschaft zu vertreten, keine rechtliche Wirkung. Dies gilt insbesondere für den Fall, dass die Vertretung sich nur auf gewisse Geschäfte oder Arten von Geschäften erstrecken oder nur unter gewissen Umständen oder für eine gewisse Zeit oder an einzelnen Orten stattfinden soll, oder dass die Zustimmung der Gesellschafter oder eines Organs der Gesellschaft für einzelne Geschäfte erfordert ist.

§ 38

Die Bestellung der Geschäftsführer ist zu jeder Zeit widerruflich, unbeschadet der Entschädigungsansprüche aus bestehenden Verträgen.

Im Gesellschaftsvertrag kann die Zulässigkeit des Widerrufs auf den Fall beschränkt werden, dass wichtige Gründe denselben notwendig machen. Als solche Gründe sind insbesondere grobe Pflichtverletzung oder Unfähigkeit zur ordnungsmäßigen Geschäftsführung anzusehen

§ 39

Jede Änderung in den Personen der Geschäftsführer sowie die Beendigung der Vertretungsbefugnis eines Geschäftsführers ist zur Eintragung in das Handelsregister anzumelden.

Der Anmeldung sind die Urkunden über die Bestellung der Geschäftsführer oder über die Beendigung der Vertretungsbefugnis in Urschrift oder öffentlich beglaubigter Abschrift für das Gericht des Sitzes der Gesellschaft beizufügen.

Die neuen Geschäftsführer haben in der Anmeldung zu versichern, dass keine Umstände vorliegen, die ihrer Bestellung nach § 6 Abs. 2 Satz 2 Nr. 2 und 3 entgegenstehen und dass sie über ihre unbeschränkte Auskunftspflicht gegenüber dem Gericht belehrt worden sind. § 8 Abs. 3 Satz 2 ist anzuwenden.

Die Geschäftsführer haben ihre Unterschrift zur Aufbewahrung bei dem Gericht zu zeichnen

§ 40

Die Geschäftsführer haben nach jeder Veränderung in den Personen der Gesellschafter oder des Umfangs ihrer Beteiligung unverzüglich eine von ihnen unterschriebene Liste der Gesellschafter, aus welcher Name, Vorname, Geburtsdatum und Wohnort der letzteren sowie ihre Stammeinlagen zu entnehmen sind, zum Handelsregister einzureichen. Hat ein Notar an Veränderungen nach Satz 1 mitgewirkt, so hat er unverzüglich nach deren Wirksamwerden die Liste in Vertretung der Geschäftsführer zum Handelsregister einzureichen. Ist die Liste durch den Notar einzureichen, so muss sie mit seiner Bescheinigung versehen sein, dass er an den Veränderungen mitgewirkt und die geänderte Liste den Geschäftsführern übermittelt hat, die übrigen Eintragungen mit dem Inhalt der bisherigen Liste übereinstimmen und aus den ihm vorliegenden Unterlagen nichts ersichtlich ist, was die Richtigkeit der Liste in Frage stellt.

Geschäftsführer, welche die ihnen nach Absatz 1 obliegende Pflicht verletzen, haften dem Veräußerer, dem Erwerber und den Gläubigern der Gesellschaft für den daraus entstandenen Schaden als Gesamtschuldner.

§ 41

Die Geschäftsführer sind verpflichtet, für die ordnungsmäßige Buchführung der Gesellschaft zu sorgen.

§ 42

In der Bilanz des nach den §§ 242, 264 des Handelsgesetzbuchs aufzustellenden Jahresabschlusses ist das Stammkapital als gezeichnetes Kapital auszuweisen.

Das Recht der Gesellschaft zur Einziehung von Nachschüssen der Gesellschafter ist in der Bilanz insoweit zu aktivieren, als die Einziehung bereits beschlossen ist und den Gesellschaftern ein Recht, durch Verweisung auf den Geschäftsanteil sich von der Zahlung der Nachschüsse zu befreien, nicht zusteht. Der nachzuschießende Betrag ist auf der Aktivseite unter den Forderungen gesondert unter der Bezeichnung "Eingeforderte Nachschüsse" auszuweisen, soweit mit der Zahlung gerechnet werden kann. Ein dem Aktivposten entsprechender Betrag ist auf der Passivseite in dem Posten "Kapitalrücklage" gesondert auszuweisen.

Ausleihungen, Forderungen und Verbindlichkeiten gegenüber Gesellschaftern sind in der Regel als solche jeweils gesondert auszuweisen oder im Anhang anzugeben; werden sie unter anderen Posten ausgewiesen, so muss diese Eigenschaft vermerkt werden.

§ 42a

Die Geschäftsführer haben den Jahresabschluss und den Lagebericht unverzüglich nach der Aufstellung den Gesellschaftern zum Zwecke der Feststellung des Jahresabschlusses vorzulegen. Ist der Jahresabschluss durch einen Abschlussprüfer zu prüfen, so haben die Geschäftsführer ihn zusammen mit dem Lagebericht und dem Prüfungsbericht des Abschlussprüfers unverzüglich nach Eingang des Prüfungsberichts vorzulegen. Hat die Gesellschaft einen Aufsichtsrat, so ist dessen Bericht über das Ergebnis seiner Prüfung ebenfalls unverzüglich vorzulegen.

Die Gesellschafter haben spätestens bis zum Ablauf der ersten acht Monate oder, wenn es sich um eine kleine Gesellschaft handelt (§ 267 Abs. 1 des Handelsgesetzbuchs), bis zum Ablauf der ersten elf Monate des Geschäftsjahrs über die Feststellung des Jahresabschlusses und über die Ergebnisverwendung zu beschließen. Der Gesellschaftsvertrag kann die Frist nicht verlängern. Auf den Jahresabschluss sind bei der Feststellung die für seine Aufstellung geltenden Vorschriften anzuwenden.

Hat ein Abschlussprüfer den Jahresabschluss geprüft, so hat er auf Verlangen eines Gesellschafters an den Verhandlungen über die Feststellung des Jahresabschlusses teilzunehmen.

Ist die Gesellschaft zur Aufstellung eines Konzernabschlusses und eines Konzernlageberichts verpflichtet, so sind die Absätze 1 bis 3 entsprechend anzuwenden.

§ 43

Die Geschäftsführer haben in den Angelegenheiten der Gesellschaft die Sorgfalt eines ordentlichen Geschäftsmannes anzuwenden.

Geschäftsführer, welche ihre Obliegenheiten verletzen, haften der Gesellschaft solidarisch für den entstandenen Schaden.

Insbesondere sind sie zum Ersatz verpflichtet, wenn den Bestimmungen des § 30 zuwider Zahlungen aus dem zur Erhaltung des Stammkapitals erforderlichen Vermögen der Gesellschaft gemacht oder den Bestimmungen des § 33 zuwider eigene Geschäftsanteile der Gesellschaft erworben worden sind. Auf den Ersatzanspruch finden die Bestimmungen in § 9b Abs. 1 entsprechende Anwendung. Soweit der Ersatz zur Befriedigung der Gläubiger der Gesellschaft erforderlich ist, wird die Verpflichtung der Geschäftsführer dadurch nicht aufgehoben, dass dieselben in Befolgung eines Beschlusses der Gesellschafter gehandelt haben.

Die Ansprüche auf Grund der vorstehenden Bestimmungen verjähren in fünf Jahren.

§ 44

Die für die Geschäftsführer gegebenen Vorschriften gelten auch für Stellvertreter von Geschäftsführern.

§ 45

Die Rechte, welche den Gesellschaftern in den Angelegenheiten der Gesellschaft, insbesondere in Bezug auf die Führung der Geschäfte zustehen, sowie die Ausübung derselben bestimmen sich, soweit nicht gesetzliche Vorschriften entgegenstehen, nach dem Gesellschaftsvertrag.

In Ermangelung besonderer Bestimmungen des Gesellschaftsvertrags finden die Vorschriften der §§ 46 bis 51 Anwendung.

§ 46

Der Bestimmung der Gesellschafter unterliegen:

1. die Feststellung des Jahresabschlusses und die Verwendung des Ergebnisses;
2. die Einforderung von Einzahlungen auf die Stammeinlagen;
3. die Rückzahlung von Nachschüssen;
4. die Teilung sowie die Einziehung von Geschäftsanteilen;
5. die Bestellung und die Abberufung von Geschäftsführern sowie die Entlastung derselben;
6. die Maßregeln zur Prüfung und Überwachung der Geschäftsführung;
7. die Bestellung von Prokuristen und von Handlungsbevollmächtigten zum gesamten Geschäftsbetrieb;

8. die Geltendmachung von Ersatzansprüchen, welche der Gesellschaft aus der Gründung oder Geschäftsführung gegen Geschäftsführer oder Gesellschafter zustehen,

9. sowie die Vertretung der Gesellschaft in Prozessen, welche sie gegen die Geschäftsführer zu führen hat.

§ 47

Die von den Gesellschaftern in den Angelegenheiten der Gesellschaft zu treffenden Bestimmungen erfolgen durch Beschlussfassung nach der Mehrheit der abgegebenen Stimmen.

Jeder Euro eines Geschäftsanteils gewähren eine Stimme.

Vollmachten bedürfen zu ihrer Gültigkeit der Textform.

Ein Gesellschafter, welcher durch die Beschlussfassung entlastet oder von einer Verbindlichkeit befreit werden soll, hat hierbei kein Stimmrecht und darf ein solches auch nicht für andere ausüben. Dasselbe gilt von einer Beschlussfassung, welche die Vornahme eines Rechtsgeschäfts oder die Einleitung oder Erledigung eines Rechtsstreits gegenüber einem Gesellschafter betrifft.

§ 48

Die Beschlüsse der Gesellschafter werden in Versammlungen gefasst.

Der Abhaltung einer Versammlung bedarf es nicht, wenn sämtliche Gesellschafter in Textform mit der zu treffenden Bestimmung oder mit der schriftlichen Abgabe der Stimmen sich einverstanden erklären.

Befinden sich alle Geschäftsanteile der Gesellschaft in der Hand eines Gesellschafters oder daneben in der Hand der Gesellschaft, so hat er unverzüglich nach der Beschlussfassung eine Niederschrift aufzunehmen und zu unterschreiben.

§ 49

Die Versammlung der Gesellschafter wird durch die Geschäftsführer berufen.

Sie ist außer den ausdrücklich bestimmten Fällen zu berufen, wenn es im Interesse der Gesellschaft erforderlich erscheint.

Insbesondere muss die Versammlung unverzüglich berufen werden, wenn aus der Jahresbilanz oder aus einer im Laufe des Geschäftsjahres aufgestellten Bilanz sich ergibt, dass die Hälfte des Stammkapitals verloren ist.

§ 50

Gesellschafter, deren Geschäftsanteile zusammen mindestens dem zehnten Teil des Stammkapitals entsprechen, sind berechtigt, unter Angabe des Zwecks und der Gründe die Berufung der Versammlung zu verlangen.

In gleicher Weise haben die Gesellschafter das Recht zu verlangen, dass Gegenstände zur Beschlussfassung der Versammlung angekündigt werden.

Wird dem Verlangen nicht entsprochen oder sind Personen, an welche dasselbe zu richten wäre, nicht vorhanden, so können die in Absatz 1 bezeichneten Gesellschafter unter Mitteilung des Sachverhältnisses die Berufung oder Ankündigung selbst bewirken. Die Versammlung beschließt, ob die entstandenen Kosten von der Gesellschaft zu tragen sind.

§ 51

Die Berufung der Versammlung erfolgt durch Einladung der Gesellschafter mittels eingeschriebener Briefe. Sie ist mit einer Frist von mindestens einer Woche zu bewirken.

Der Zweck der Versammlung soll jederzeit bei der Berufung angekündigt werden.

Ist die Versammlung nicht ordnungsmäßig berufen, so können Beschlüsse nur gefasst werden, wenn sämtliche Gesellschafter anwesend sind.

Das gleiche gilt in Bezug auf Beschlüsse über Gegenstände, welche nicht wenigstens drei Tage vor der Versammlung in der für die Berufung vorgeschriebenen Weise angekündigt worden sind.

§ 51a

Die Geschäftsführer haben jedem Gesellschafter auf Verlangen unverzüglich Auskunft über die Angelegenheiten der Gesellschaft zu geben und die Einsicht der Bücher und Schriften zu gestatten.

Die Geschäftsführer dürfen die Auskunft und die Einsicht verweigern, wenn zu besorgen ist, dass der Gesellschafter sie zu gesellschaftsfremden Zwecken verwenden und dadurch der Gesellschaft oder einem verbundenen Unternehmen einen nicht unerheblichen Nachteil zufügen wird. Die Verweigerung bedarf eines Beschlusses der Gesellschafter.

Von diesen Vorschriften kann im Gesellschaftsvertrag nicht abgewichen werden.

§ 51b

Für die gerichtliche Entscheidung über das Auskunfts- und Einsichtsrecht findet § 132 Abs. 1, 3 bis 5 des Aktiengesetzes entsprechende Anwendung. Antragsberechtigt ist jeder Gesellschafter, dem die verlangte Auskunft nicht gegeben oder die verlangte Einsicht nicht gestattet worden ist.

§ 52

Ist nach dem Gesellschaftsvertrag ein Aufsichtsrat zu bestellen, so sind § 90 Abs. 3, 4, 5 Satz 1 und 2, § 95 Satz 1, § 100 Abs. 1 und 2 Nr. 2, § 101 Abs. 1 Satz 1, § 103 Abs. 1 Satz 1 und 2, §§ 105, 110 bis 114, 116 des Aktiengesetzes in Verbindung mit § 93 Abs. 1 und 2 des Aktiengesetzes, §§ 170, 171, 337 des Aktiengesetzes entsprechend anzuwenden, soweit nicht im Gesellschaftsvertrag ein anderes bestimmt ist.

Werden die Mitglieder des Aufsichtsrats vor der Eintragung der Gesellschaft in das Handelsregister bestellt, gelten § 37 Abs. 4 Nr. 3, § 40 Abs. 1 Nr. 4 des Aktiengesetzes entsprechend. Jede spätere Bestellung sowie jeden Wechsel von Aufsichtsratsmitgliedern haben die Geschäftsführer unverzüglich durch den Bundesanzeiger und die im Gesellschaftsvertrag für die Bekanntmachungen der Gesellschaft bestimmten anderen öffentlichen Blätter bekannt zu machen und die Bekanntmachung zum Handelsregister einzureichen.

Schadensersatzansprüche gegen die Mitglieder des Aufsichtsrats wegen Verletzung ihrer Obliegenheiten verjähren in fünf Jahren.

§ 53

Eine Abänderung des Gesellschaftsvertrags kann nur durch Beschluss der Gesellschafter erfolgen.

Der Beschluss muss notariell beurkundet werden, derselbe bedarf einer Mehrheit von drei Vierteilen der abgegebenen Stimmen. Der Gesellschaftsvertrag kann noch andere Erfordernisse aufstellen.

Eine Vermehrung der den Gesellschaftern nach dem Gesellschaftsvertrag obliegenden Leistungen kann nur mit Zustimmung sämtlicher beteiligter Gesellschafter beschlossen werden.

§ 54

Die Abänderung des Gesellschaftsvertrags ist zur Eintragung in das Handelsregister anzumelden. Der Anmeldung ist der vollständige Wortlaut des Gesellschaftsvertrags beizufügen; er muss mit der Bescheinigung eines Notars versehen sein, dass die geänderten Bestimmungen des Gesellschaftsvertrags mit dem Beschluss über die Änderung des Gesellschaftsvertrags und die unveränderten Bestimmungen mit dem zuletzt zum Handelsregister eingereichten vollständigen Wortlaut des Gesellschaftsvertrags übereinstimmen.

Bei der Eintragung genügt, sofern nicht die Abänderung die in § 10 Abs. 1 und 2 bezeichneten Angaben betrifft, die Bezugnahme auf die bei dem Gericht eingereichten Urkunden über die Abänderung. Die öffentliche Bekanntmachung findet in Betreff aller Bestimmungen statt, auf welche sich die in § 10 Abs. 3 und in § 13b Abs. 4 des Handelsgesetzbuchs vorgeschriebenen Veröffentlichungen beziehen.

Die Abänderung hat keine rechtliche Wirkung, bevor sie in das Handelsregister des Sitzes der Gesellschaft eingetragen ist.

§ 55

Wird eine Erhöhung des Stammkapitals beschlossen, so bedarf es zur Übernahme jeder auf das erhöhte Kapital zu leistenden Stammeinlage einer notariell aufgenommenen oder beglaubigten Erklärung des Übernehmers.

Zur Übernahme einer Stammeinlage können von der Gesellschaft die bisherigen Gesellschafter oder andere Personen, welche durch die Übernahme ihren Beitritt zu der Gesellschaft erklären, zugelassen werden. Im letzteren Fall sind außer dem Betrag der Stammeinlage auch sonstige Leistungen, zu welchen der Beitretende nach dem Gesellschaftsvertrag verpflichtet sein soll, in der in Absatz 1 bezeichneten Urkunde ersichtlich zu machen.

Wird von einem der Gesellschaft bereits angehörenden Gesellschafter eine Stammeinlage auf das erhöhte Kapital übernommen, so erwirbt derselbe einen weiteren Geschäftsanteil.

Die Bestimmungen in § 5 Abs. 1 bis 3 über den Betrag der Stammeinlagen sind auch hinsichtlich der auf das erhöhte Kapital zu leistenden Stammeinlagen anzuwenden.

§ 56

Sollen Sacheinlagen geleistet werden, so müssen ihr Gegenstand und der Betrag der Stammeinlage, auf die sich die Sacheinlage bezieht, im Beschluss über die Erhöhung des Stammkapitals festgesetzt werden. Die Festsetzung ist in die in § 55 Abs. 1 bezeichnete Erklärung des Übernehmers aufzunehmen.

Die §§ 9 und 19 Abs. 4 finden entsprechende Anwendung.

§ 56a

Für die Leistungen der Einlagen auf das neue Stammkapital und die Bestellung einer Sicherung findet § 7 Abs. 2 Satz 1, Abs. 3 entsprechende Anwendung.

§ 57

Die beschlossene Erhöhung des Stammkapitals ist zur Eintragung in das Handelsregister anzumelden, nachdem das erhöhte Kapital durch Übernahme von Stammeinlagen gedeckt ist.

In der Anmeldung ist die Versicherung abzugeben, dass die Einlagen auf das neue Stammkapital nach § 7 Abs. 2 Satz 1, Abs. 3 bewirkt sind und dass der Gegenstand der Leistungen sich endgültig in der freien Verfügung der Geschäftsführer befindet.

Der Anmeldung sind beizufügen: 1. die in § 55 Abs. 1 bezeichneten Erklärungen oder eine beglaubigte Abschrift derselben; 2. eine von den Anmeldenden unterschriebene Liste der Personen, welche die neuen Stammeinlagen übernommen haben; aus der Liste muss der Betrag der von jedem übernommenen Einlage ersichtlich sein; 3. bei einer Kapitalerhöhung mit Sacheinlagen die Verträge, die den Festsetzungen nach § 56 zugrunde liegen oder zu ihrer Ausführung geschlossen worden sind.

Für die Verantwortlichkeit der Geschäftsführer, welche die Kapitalerhöhung zur Eintragung in das Handelsregister angemeldet haben, finden § 9a Abs. 1 und 3, § 9b entsprechende Anwendung.

§ 57a

Für die Ablehnung der Eintragung durch das Gericht findet § 9c Abs. 1 entsprechende Anwendung.

§ 57b

In die Bekanntmachung der Eintragung der Kapitalerhöhung sind außer deren Inhalt die bei einer Kapitalerhöhung mit Sacheinlagen vorgesehenen Festsetzungen aufzunehmen. Bei der Bekanntmachung dieser Festsetzungen genügt die Bezugnahme auf die beim Gericht eingereichten Urkunden.

§ 57c

Das Stammkapital kann durch Umwandlung von Rücklagen in Stammkapital erhöht werden (Kapitalerhöhung aus Gesellschaftsmitteln).

Die Erhöhung des Stammkapitals kann erst beschlossen werden, nachdem der Jahresabschluss für das letzte vor der Beschlussfassung über die Kapitalerhöhung abgelaufene Geschäftsjahr (letzter Jahresabschluss) festgestellt und über die Ergebnisverwendung Beschluss gefasst worden ist.

Dem Beschluss über die Erhöhung des Stammkapitals ist eine Bilanz zugrunde zu legen.

Neben den §§ 53 und 54 über die Abänderung des Gesellschaftsvertrags gelten die §§ 57d bis 57o.

§ 57d

Die Kapital- und Gewinnrücklagen, die in Stammkapital umgewandelt werden sollen, müssen in der letzten Jahresbilanz und, wenn dem Beschluss eine andere Bilanz zugrunde gelegt wird, auch in dieser Bilanz unter "Kapitalrücklage" oder "Gewinnrücklagen" oder im letzten Beschluss über die Verwendung des Jahresergebnisses als Zuführung zu diesen Rücklagen ausgewiesen sein.

Die Rücklagen können nicht umgewandelt werden, soweit in der zugrunde gelegten Bilanz ein Verlust, einschließlich eines Verlustvortrags, ausgewiesen ist.

Andere Gewinnrücklagen, die einem bestimmten Zweck zu dienen bestimmt sind, dürfen nur umgewandelt werden, soweit dies mit ihrer Zweckbestimmung vereinbar ist.

§ 57e

Dem Beschluss kann die letzte Jahresbilanz zugrunde gelegt werden, wenn die Jahresbilanz geprüft und die festgestellte Jahresbilanz mit dem uneingeschränkten Bestätigungsvermerk der Abschlussprüfer versehen ist und wenn ihr Stichtag höchstens acht Monate vor der Anmeldung des Beschlusses zur Eintragung in das Handelsregister liegt.

Bei Gesellschaften, die nicht große im Sinne des § 267 Abs. 3 des Handelsgesetzbuchs sind, kann die Prüfung auch durch vereidigte Buchprüfer erfolgen; die Abschlussprüfer müssen von der Versammlung der Gesellschafter gewählt sein.

§ 57f

Wird dem Beschluss nicht die letzte Jahresbilanz zugrunde gelegt, so muss die Bilanz den Vorschriften über die Gliederung der Jahresbilanz und über die Wertansätze in der Jahresbilanz entsprechen. Der Stichtag der Bilanz darf höchstens acht Monate vor der Anmeldung des Beschlusses zur Eintragung in das Handelsregister liegen.

Die Bilanz ist, bevor über die Erhöhung des Stammkapitals Beschluss gefasst wird, durch einen oder mehrere Prüfer darauf zu prüfen, ob sie dem Absatz 1 entspricht. Sind nach dem abschließenden Ergebnis der Prüfung keine Einwendungen zu erheben, so haben die Prüfer dies durch einen Vermerk zu bestätigen. Die Erhöhung des Stammkapitals kann nicht ohne diese Bestätigung der Prüfer beschlossen werden.

Die Prüfer werden von den Gesellschaftern gewählt; falls nicht andere Prüfer gewählt werden, gelten die Prüfer als gewählt, die für die Prüfung des letzten Jahresabschlusses von den Gesellschaftern gewählt oder vom Gericht bestellt worden sind. Im Übrigen sind, soweit sich aus der Besonderheit des Prüfungsauftrags nichts anderes ergibt, § 318 Abs. 1 Satz 2, § 319 Abs. 1 bis 3, § 320 Abs. 1 Satz 2, Abs. 2 und die §§ 321 und 323 des Handelsgesetzbuchs anzuwenden. Bei Gesellschaften, die nicht große im Sinne des

§ 267 Abs. 3 des Handelsgesetzbuchs sind, können auch vereidigte Buchprüfer zu Prüfern bestellt werden.

§ 57g

Die Bestimmungen des Gesellschaftsvertrags über die vorherige Bekanntgabe des Jahresabschlusses an die Gesellschafter sind in den Fällen des § 57f entsprechend anzuwenden

§ 57h

Die Kapitalerhöhung kann vorbehaltlich des § 571 Abs. 2 durch Bildung neuer Geschäftsanteile oder durch Erhöhung des Nennbetrags der Geschäftsanteile ausgeführt werden. Die neuen Geschäftsanteile und die Geschäftsanteile, deren Nennbetrag erhöht wird, müssen auf einen Betrag gestellt werden, der auf volle Euro lautet.

Der Beschluss über die Erhöhung des Stammkapitals muss die Art der Erhöhung angeben. Soweit die Kapitalerhöhung durch Erhöhung des Nennbetrags der Geschäftsanteile ausgeführt werden soll, ist sie so zu bemessen, dass durch sie auf keinen Geschäftsanteil, dessen Nennbetrag erhöht wird, Beträge entfallen, die durch die Erhöhung des Nennbetrags des Geschäftsanteils nicht gedeckt werden können.

§ 57i

Der Anmeldung des Beschlusses über die Erhöhung des Stammkapitals zur Eintragung in das Handelsregister ist die der Kapitalerhöhung zugrunde gelegte, mit dem Bestätigungsvermerk der Prüfer versehene Bilanz, in den Fällen des § 57f außerdem die letzte Jahresbilanz, sofern sie noch nicht eingereicht ist, beizufügen. Die Anmeldenden haben dem Registergericht gegenüber zu erklären, dass nach ihrer Kenntnis seit dem Stichtag der zugrunde gelegten Bilanz bis zum Tag der Anmeldung keine Vermögensminderung eingetreten ist, die der Kapitalerhöhung entgegenstünde, wenn sie am Tag der Anmeldung beschlossen worden wäre.

Das Registergericht darf den Beschluss nur eintragen, wenn die der Kapitalerhöhung zugrunde gelegte Bilanz für einen höchstens acht Monate vor der Anmeldung liegenden Zeitpunkt aufgestellt und eine Erklärung nach Absatz 1 Satz 2 abgegeben worden ist.

Zu der Prüfung, ob die Bilanzen den gesetzlichen Vorschriften entsprechen, ist das Gericht nicht verpflichtet.

Bei der Eintragung des Beschlusses ist anzugeben, dass es sich um eine Kapitalerhöhung aus Gesellschaftsmitteln handelt.

§ 57j

Die neuen Geschäftsanteile stehen den Gesellschaftern im Verhältnis ihrer bisherigen Geschäftsanteile zu. Ein entgegenstehender Beschluss der Gesellschafter ist nichtig.

§ 57k

Führt die Kapitalerhöhung dazu, dass auf einen Geschäftsanteil nur ein Teil eines neuen Geschäftsanteils entfällt, so ist dieses Teilrecht selbständig veräußerlich und vererblich.

Die Rechte aus einem neuen Geschäftsanteil, einschließlich des Anspruchs auf Ausstellung einer Urkunde über den neuen Geschäftsanteil, können nur ausgeübt werden, wenn Teilrechte, die zusammen einen vollen Geschäftsanteil ergeben, in einer Hand vereinigt sind oder wenn sich mehrere Berechtigte, deren Teilrechte zusammen einen vollen Geschäftsanteil ergeben, zur Ausübung der Rechte (§ 18) zusammenschließen.

§ 57l

Eigene Geschäftsanteile nehmen an der Erhöhung des Stammkapitals teil.

Teileingezahlte Geschäftsanteile nehmen entsprechend ihrem Nennbetrag an der Erhöhung des Stammkapitals teil. Bei ihnen kann die Kapitalerhöhung nur durch Erhöhung des Nennbetrags der Geschäftsanteile ausgeführt werden. Sind neben teileingezahlten Geschäftsanteilen vollständig eingezahlte Geschäftsanteile vorhanden, so kann bei diesen die Kapitalerhöhung durch Erhöhung des Nennbetrags der Geschäftsanteile und durch Bildung neuer Geschäftsanteile ausgeführt werden. Die Geschäftsanteile, deren Nennbetrag erhöht wird, können auf jeden Betrag gestellt werden, der auf volle Euro lautet.

§ 57m

Das Verhältnis der mit den Geschäftsanteilen verbundenen Rechte zueinander wird durch die Kapitalerhöhung nicht berührt.

Soweit sich einzelne Rechte teileingezahlter Geschäftsanteile, insbesondere die Beteiligung am Gewinn oder das Stimmrecht, nach der je Geschäftsanteil geleisteten Einlage bestimmen, stehen diese Rechte den Gesellschaftern bis zur Leistung der noch ausstehenden Einlagen nur nach der Höhe der geleisteten Einlage, erhöht um den auf den Nennbetrag des Stammkapitals berechneten Hundertsatz der Erhöhung des Stammkapitals, zu. Werden weitere Einzahlungen geleistet, so erweitern sich diese Rechte entsprechend.

Der wirtschaftliche Inhalt vertraglicher Beziehungen der Gesellschaft zu Dritten, die von der Gewinnausschüttung der Gesellschaft, dem Nennbetrag oder Wert ihrer Geschäftsanteile oder ihres Stammkapitals oder in sonstiger Weise von den bisherigen Kapital- oder Gewinnverhältnissen abhängen, wird durch die Kapitalerhöhung nicht berührt.

§ 57n

Die neuen Geschäftsanteile nehmen, wenn nichts anderes bestimmt ist, am Gewinn des ganzen Geschäftsjahres teil, in dem die Erhöhung des Stammkapitals beschlossen worden ist.

Im Beschluss über die Erhöhung des Stammkapitals kann bestimmt werden, dass die neuen Geschäftsanteile bereits am Gewinn des letzten vor der Beschlussfassung über die Kapitalerhöhung abgelaufenen Geschäftsjahrs teilnehmen. In diesem Fall ist die Erhöhung des Stammkapitals abweichend von § 57c Abs. 2 zu beschließen, bevor über die Ergebnisverwendung für das letzte vor der Beschlussfassung abgelaufene Geschäftsjahr Beschluss gefasst worden ist. Der Beschluss über die Ergebnisverwendung für das letzte vor der Beschlussfassung über die Kapitalerhöhung abgelaufene Geschäftsjahr wird erst wirksam, wenn das Stammkapital erhöht worden ist. Der Beschluss über die Erhöhung des Stammkapitals und der Beschluss über die Ergebnisverwendung für das letzte vor der Beschlussfassung über die Kapitalerhöhung abgelaufene Geschäftsjahr sind nichtig, wenn der Beschluss über die Kapitalerhöhung nicht binnen drei Monaten nach der Beschlussfassung in das Handelsregister eingetragen worden ist; der Lauf der Frist ist gehemmt, solange eine Anfechtungs- oder Nichtigkeitsklage rechtshängig ist oder eine zur Kapitalerhöhung beantragte staatliche Genehmigung noch nicht erteilt worden ist.

§ 57o

Als Anschaffungskosten der vor der Erhöhung des Stammkapitals erworbenen Geschäftsanteile und der auf sie entfallenden neuen Geschäftsanteile gelten die Beträge, die sich für die einzelnen Geschäftsanteile ergeben, wenn die Anschaffungskosten der vor der Erhöhung des Stammkapitals erworbenen Geschäftsanteile auf diese und auf die auf sie entfallenden neuen Geschäftsanteile nach dem Verhältnis der Nennbeträge verteilt werden. Der Zuwachs an Geschäftsanteilen ist nicht als Zugang auszuweisen.

§ 58

Eine Herabsetzung des Stammkapitals kann nur unter Beobachtung der nachstehenden Bestimmungen erfolgen:

1. der Beschluss auf Herabsetzung des Stammkapitals muss von den Geschäftsführern zu drei verschiedenen Malen durch die in § 30 Abs. 2 bezeichneten Blätter bekannt gemacht werden; in diesen Bekanntmachungen sind zugleich die Gläubiger der Gesellschaft aufzufordern, sich bei derselben zu melden; die aus den Handelsbüchern der Gesellschaft ersichtlichen oder in anderer Weise bekannten Gläubiger sind durch besondere Mitteilung zur Anmeldung aufzufordern;
2. die Gläubiger, welche sich bei der Gesellschaft melden und der Herabsetzung nicht zustimmen, sind wegen der erhobenen Ansprüche zu befriedigen oder sicherzustellen;
3. die Anmeldung des Herabsetzungsbeschlusses zur Eintragung in das Handelsregister erfolgt nicht vor Ablauf eines Jahres seit dem Tage, an welchem die Aufforderung der Gläubiger in den öffentlichen Blättern zum dritten Mal stattgefunden hat;
4. mit der Anmeldung sind die Bekanntmachungen des Beschlusses einzureichen; zugleich haben die Geschäftsführer die Versicherung abzugeben, dass die Gläubiger, welche sich bei der Gesellschaft gemeldet und der Herabsetzung nicht zugestimmt haben, befriedigt oder sichergestellt sind.

Die Bestimmung in § 5 Abs. 1 über den Mindestbetrag des Stammkapitals bleibt unberührt. Erfolgt die Herabsetzung zum Zweck der Zurückzahlung von Stammeinlagen oder zum Zweck des Erlasses der auf diese geschuldeten Einzahlungen, so darf der verbleibende Betrag der Stammeinlagen nicht unter den in § 5 Abs. 1 und 3 bezeichneten Betrag herabgehen

§ 58a

Eine Herabsetzung des Stammkapitals, die dazu dienen soll, Wertminderungen auszugleichen oder sonstige Verluste zu decken, kann als vereinfachte Kapitalherabsetzung vorgenommen werden.

Die vereinfachte Kapitalherabsetzung ist nur zulässig, nachdem der Teil der Kapital- und Gewinnrücklagen, der zusammen über zehn vom Hundert des nach der Herabsetzung verbleibenden Stammkapitals hinausgeht, vorweg aufgelöst ist. Sie ist nicht zulässig, solange ein Gewinnvortrag vorhanden ist.

Im Beschluss über die vereinfachte Kapitalherabsetzung sind die Nennbeträge der Geschäftsanteile dem herabgesetzten Stammkapital anzupassen. Die Geschäftsanteile müssen auf einen Betrag gestellt werden, der auf volle Euro lautet.

(4) Das Stammkapital kann unter den in § 5 Abs. 1 bestimmten Mindestnennbetrag herabgesetzt werden, wenn dieser durch eine Kapitalerhöhung wieder erreicht wird, die zugleich mit der Kapitalherabsetzung beschlossen ist und bei der Sacheinlagen nicht festgesetzt sind. Die Beschlüsse sind nichtig, wenn sie nicht binnen drei Monaten nach der Beschlussfassung in das Handelsregister eingetragen worden sind. Der Lauf der Frist ist gehemmt, solange eine Anfechtungs- oder Nichtigkeitsklage rechtshängig ist oder eine zur Kapitalherabsetzung oder Kapitalerhöhung beantragte staatliche Genehmigung noch nicht erteilt ist. Die Beschlüsse sollen nur zusammen in das Handelsregister eingetragen werden.

Neben den §§ 53 und 54 über die Abänderung des Gesellschaftsvertrags gelten die §§ 58b bis 58f.

§ 58b

Die Beträge, die aus der Auflösung der Kapital- oder Gewinnrücklagen und aus der Kapitalherabsetzung gewonnen werden, dürfen nur verwandt werden, um Wertminderungen auszugleichen und sonstige Verluste zu decken.

Daneben dürfen die gewonnenen Beträge in die Kapitalrücklage eingestellt werden, soweit diese zehn vom Hundert des Stammkapitals nicht übersteigt. Als Stammkapital gilt dabei der Nennbetrag, der sich durch die Herabsetzung ergibt, mindestens aber der nach § 5 Abs. 1 zulässige Mindestnennbetrag.

Ein Betrag, der auf Grund des Absatzes 2 in die Kapitalrücklage eingestellt worden ist, darf vor Ablauf des fünften nach der Beschlussfassung über die Kapitalherabsetzung beginnenden Geschäftsjahrs nur verwandt werden:

1. zum Ausgleich eines Jahresfehlbetrags, soweit er nicht durch einen Gewinnvortrag aus dem Vorjahr gedeckt ist und nicht durch Auflösung von Gewinnrücklagen ausgeglichen werden kann;
2. zum Ausgleich eines Verlustvortrags aus dem Vorjahr, soweit er nicht durch einen Jahresüberschuss gedeckt ist und nicht durch Auflösung von Gewinnrücklagen ausgeglichen werden kann;
3. zur Kapitalerhöhung aus Gesellschaftsmitteln.

58c

Ergibt sich bei Aufstellung der Jahresbilanz für das Geschäftsjahr, in dem der Beschluss über die Kapitalherabsetzung gefasst wurde, oder für eines der beiden folgenden Geschäftsjahre, dass Wertminderungen und sonstige Verluste in der bei der Beschlussfassung angenommenen Höhe tatsächlich nicht eingetreten oder ausgeglichen waren, so ist der Unterschiedsbetrag in die Kapitalrücklage einzustellen. Für einen nach Satz 1 in die Kapitalrücklage eingestellten Betrag gilt § 58b Abs. 3 sinngemäß.

§ 58d

Gewinn darf vor Ablauf des fünften nach der Beschlussfassung über die Kapitalherabsetzung beginnenden Geschäftsjahrs nur ausgeschüttet werden, wenn die Kapital- und Gewinnrücklagen zusammen zehn vom Hundert des Stammkapitals erreichen. Als Stammkapital gilt dabei der Nennbetrag, der sich durch die Herabsetzung ergibt, mindestens aber der nach § 5 Abs. 1 zulässige Mindestnennbetrag.

Die Zahlung eines Gewinnanteils von mehr als vier vom Hundert ist erst für ein Geschäftsjahr zulässig, das später als zwei Jahre nach der Beschlussfassung über die Kapitalherabsetzung beginnt. Dies gilt nicht, wenn die Gläubiger, deren Forderungen vor der Bekanntmachung der Eintragung des Beschlusses begründet worden waren, befriedigt oder sichergestellt sind, soweit sie sich binnen sechs Monaten nach der Bekanntmachung des Jahresabschlusses, auf Grund dessen die Gewinnverteilung beschlossen ist, zu diesem Zweck gemeldet haben. Einer Sicherstellung der Gläubiger bedarf es nicht, die im Fall des Insolvenzverfahrens ein Recht auf vorzugsweise Befriedigung aus einer Deckungsmasse haben, die nach gesetzlicher Vorschrift zu ihrem Schutz errichtet und staatlich überwacht ist. Die Gläubiger sind in der Bekanntmachung nach § 325 Abs. 1 Satz 2 oder Abs. 2 Satz 1 des Handelsgesetzbuchs auf die Befriedigung oder Sicherstellung hinzuweisen

§ 58e

Im Jahresabschluss für das letzte vor der Beschlussfassung über die Kapitalherabsetzung abgelaufene Geschäftsjahr können das Stammkapital sowie die Kapital- und Gewinnrücklagen in der Höhe ausgewiesen werden, in der sie nach der Kapitalherabsetzung bestehen sollen. Dies gilt nicht, wenn der Jahresabschluss anders als durch Beschluss der Gesellschafter festgestellt wird.

Der Beschluss über die Feststellung des Jahresabschlusses soll zugleich mit dem Beschluss über die Kapitalherabsetzung gefasst werden.

Die Beschlüsse sind nichtig, wenn der Beschluss über die Kapitalherabsetzung nicht binnen drei Monaten nach der Beschlussfassung in das Handelsregister eingetragen worden ist. Der Lauf der Frist ist gehemmt, solange eine Anfechtungs- oder Nichtigkeitsklage rechtshängig ist oder eine zur Kapitalherabsetzung beantragte staatliche Genehmigung noch nicht erteilt ist.

Der Jahresabschluss darf nach § 325 des Handelsgesetzbuchs erst nach Eintragung des Beschlusses über die Kapitalherabsetzung offen gelegt werden.

§ 58f

Wird im Fall des § 58e zugleich mit der Kapitalherabsetzung eine Erhöhung des Stammkapitals beschlossen, so kann auch die Kapitalerhöhung in dem Jahresabschluss als vollzogen berücksichtigt werden. Die Beschlussfassung ist nur zulässig, wenn die neuen Stammeinlagen übernommen, keine Sacheinlagen festgesetzt sind und wenn auf jede neue Stammeinlage die Einzahlung geleistet ist, die nach § 56a zur Zeit der Anmeldung der Kapitalerhöhung bewirkt sein muss. Die Übernahme und die Einzahlung sind dem Notar nachzuweisen, der den Beschluss über die Erhöhung des Stammkapitals beurkundet.

Sämtliche Beschlüsse sind nichtig, wenn die Beschlüsse über die Kapitalherabsetzung und die Kapitalerhöhung nicht binnen drei Monaten nach der Beschlussfassung in das Handelsregister eingetragen worden sind. Der Lauf der Frist ist gehemmt, solange eine Anfechtungs- oder Nichtigkeitsklage rechtshängig ist oder eine zur Kapitalherabsetzung oder Kapitalerhöhung beantragte staatliche Genehmigung noch nicht erteilt worden ist. Die Beschlüsse sollen nur zusammen in das Handelsregister eingetragen werden.

Der Jahresabschluss darf nach § 325 des Handelsgesetzbuchs erst offen gelegt werden, nachdem die Beschlüsse über die Kapitalherabsetzung und Kapitalerhöhung eingetragen worden sind.

§ 59

Die Versicherung nach § 57 Abs. 2 ist nur gegenüber dem Gericht des Sitzes der Gesellschaft abzugeben. Die Urkunden nach § 57 Abs. 3 Nr. 1 und § 58 Abs. 1 Nr. 4 sind nur bei dem Gericht des Sitzes der Gesellschaft einzureichen.

§ 60

Die Gesellschaft mit beschränkter Haftung wird aufgelöst:

1. durch Ablauf der im Gesellschaftsvertrag bestimmten Zeit;
2. durch Beschluss der Gesellschafter; derselbe bedarf, sofern im Gesellschaftsvertrag nicht ein anderes bestimmt ist, einer Mehrheit von drei Vierteilen der abgegebenen Stimmen;
3. durch gerichtliches Urteil oder durch Entscheidung des Verwaltungsgerichts oder der Verwaltungsbehörde in den Fällen der §§ 61 und 62;
4. durch die Eröffnung des Insolvenzverfahrens; wird das Verfahren auf Antrag des Schuldners eingestellt oder nach der Bestätigung eines Insolvenzplans, der den Fortbestand der Gesellschaft vorsieht, aufgehoben, so können die Gesellschafter die Fortsetzung der Gesellschaft beschließen;
5. mit der Rechtskraft des Beschlusses, durch den die Eröffnung des Insolvenzverfahrens mangels Masse abgelehnt worden ist;
6. mit der Rechtskraft einer Verfügung des Registergerichts, durch welche nach § 144a des Gesetzes über die Angelegenheiten der freiwilligen Gerichtsbarkeit ein Mangel des Gesellschaftsvertrags festgestellt worden ist;"
7. durch die Löschung der Gesellschaft wegen Vermögenslosigkeit nach § 144a des Gesetzes über die Angelegenheiten der freiwilligen Gerichtsbarkeit.

Im Gesellschaftsvertrag können weitere Auflösungsgründe festgesetzt werden.

§ 61

Die Gesellschaft kann durch gerichtliches Urteil aufgelöst werden, wenn die Erreichung des Gesellschaftszweckes unmöglich wird, oder wenn andere, in den Verhältnissen der Gesellschaft liegende, wichtige Gründe für die Auflösung vorhanden sind.

Die Auflösungsklage ist gegen die Gesellschaft zu richten. Sie kann nur von Gesellschaftern erhoben werden, deren Geschäftsanteile zusammen mindestens dem zehnten Teil des Stammkapitals entsprechen.

Für die Klage ist das Landgericht ausschließlich zuständig, in dessen Bezirk die Gesellschaft ihren Sitz hat.

§ 62

Wenn eine Gesellschaft das Gemeinwohl dadurch gefährdet, dass die Gesellschafter gesetzwidrige Beschlüsse fassen oder gesetzwidrige Handlungen der Geschäftsführer wissentlich geschehen lassen, so kann sie aufgelöst werden, ohne dass deshalb ein Anspruch auf Entschädigung stattfindet.

Das Verfahren und die Zuständigkeit der Behörden richten sich nach den für streitige Verwaltungssachen geltenden Vorschriften.

§ 64

Wird die Gesellschaft zahlungsunfähig, so haben die Geschäftsführer ohne schuldhaftes Zögern, spätestens aber drei Wochen nach Eintritt der Zahlungsunfähigkeit, die Eröffnung des Insolvenzverfahrens zu beantragen. Im Fall der Führungslosigkeit der Gesellschaft (§ 35 Abs. 2 Satz 4) oder bei unbekanntem Aufenthalt der Geschäftsführer ist auch jeder Gesellschafter zur Stellung des Antrages verpflichtet, es sei denn, er hat von der Zahlungsunfähigkeit und der Führungslosigkeit keine Kenntnis. Die Sätze 1 und 2 gelten sinngemäß, wenn sich eine Überschuldung der Gesellschaft ergibt.

Die Geschäftsführer sind der Gesellschaft zum Ersatz von Zahlungen verpflichtet, die nach Eintritt der Zahlungsunfähigkeit der Gesellschaft oder nach Feststellung ihrer Überschuldung geleistet werden. Dies gilt nicht von Zahlungen, die auch nach diesem Zeitpunkt mit der Sorgfalt eines ordentlichen Geschäftsmanns vereinbar sind. Die gleiche Verpflichtung trifft die Geschäftsführer, wenn durch Zahlungen an Gesellschafter die Zahlungsunfähigkeit der Gesellschaft herbeigeführt wird, es sei denn, dass diese Folge auch bei Beachtung der in Satz 2 bezeichneten Sorgfalt nicht erkennbar war. Auf den Ersatzanspruch finden die Bestimmungen in § 43 Abs. 3 und 4 entsprechende Anwendung.

§ 65

Die Auflösung der Gesellschaft ist zur Eintragung in das Handelsregister anzumelden. Dies gilt nicht in den Fällen der Eröffnung oder der Ablehnung der Eröffnung des Insolvenzverfahrens und der gerichtlichen Feststellung eines Mangels des Gesellschaftsvertrags. In diesen Fällen hat das Gericht die Auflösung und ihren Grund von Amts wegen einzutragen. Im Falle der Löschung der Gesellschaft (§ 60 Abs. 1 Nr. 7) entfällt die Eintragung der Auflösung.

Die Auflösung ist von den Liquidatoren zu drei verschiedenen Malen durch die in § 30 Abs. 2 bezeichneten öffentlichen Blätter bekannt zu machen. Durch die Bekanntmachung sind zugleich die Gläubiger der Gesellschaft aufzufordern, sich bei derselben zu melden.

§ 66

In den Fällen der Auflösung außer dem Fall des Insolvenzverfahrens erfolgt die Liquidation durch die Geschäftsführer, wenn nicht dieselbe durch den Gesellschaftsvertrag oder durch Beschluss der Gesellschafter anderen Personen übertragen wird.

Auf Antrag von Gesellschaftern, deren Geschäftsanteile zusammen mindestens dem zehnten Teil des Stammkapitals entsprechen, kann aus wichtigen Gründen die Bestellung von Liquidatoren durch das Gericht (§ 7 Abs. 1) erfolgen.

Die Abberufung von Liquidatoren kann durch das Gericht unter derselben Voraussetzung wie die Bestellung stattfinden. Liquidatoren, welche nicht vom Gericht ernannt sind, können auch durch Beschluss der Gesellschafter vor Ablauf des Zeitraums, für welchen sie bestellt sind, abberufen werden.

Für die Auswahl der Liquidatoren findet § 6 Abs. 2 Satz 2 Nr. 2 und 3 entsprechende Anwendung.

Ist die Gesellschaft durch Löschung wegen Vermögenslosigkeit aufgelöst, so findet eine Liquidation nur statt, wenn sich nach der Löschung herausstellt, dass Vermögen vorhanden ist, das der Verteilung unterliegt. Die Liquidatoren sind auf Antrag eines Beteiligten durch das Gericht zu ernennen.

§ 67

Die ersten Liquidatoren sowie ihre Vertretungsbefugnis sind durch die Geschäftsführer, jeder Wechsel der Liquidatoren und jede Änderung ihrer Vertretungsbefugnis sind durch die Liquidatoren zur Eintragung in das Handelsregister anzumelden.

Der Anmeldung sind die Urkunden über die Bestellung der Liquidatoren oder über die Änderung in den Personen derselben in Urschrift oder öffentlich beglaubigter Abschrift für das Gericht des Sitzes der Gesellschaft beizufügen.

In der Anmeldung haben die Liquidatoren zu versichern, dass keine Umstände vorliegen, die ihrer Bestellung nach § 66 Abs. 4 entgegenstehen, und dass sie über ihre unbeschränkte Auskunftspflicht gegenüber dem Gericht belehrt worden sind. § 8 Abs. 3 Satz 2 ist anzuwenden.

Die Eintragung der gerichtlichen Ernennung oder Abberufung der Liquidatoren geschieht von Amts wegen.

Die Liquidatoren haben ihre Unterschrift zur Aufbewahrung bei dem Gericht zu zeichnen

§ 68

Die Liquidatoren haben in der bei ihrer Bestellung bestimmten Form ihre Willenserklärungen kundzugeben und für die Gesellschaft zu zeichnen. Ist nichts darüber bestimmt, so muss die Erklärung und Zeichnung durch sämtliche Liquidatoren erfolgen.

Die Zeichnungen geschehen in der Weise, dass die Liquidatoren der bisherigen, nunmehr als Liquidationsfirma zu bezeichnenden Firma ihre Namensunterschrift beifügen.

§ 69

Bis zur Beendigung der Liquidation kommen ungeachtet der Auflösung der Gesellschaft in Bezug auf die Rechtsverhältnisse derselben und der Gesellschafter die Vorschriften des zweiten und dritten Abschnitts zur Anwendung, soweit sich aus den Bestimmungen des gegenwärtigen Abschnitts und aus dem Wesen der Liquidation nicht ein anderes ergibt.

Der Gerichtsstand, welchen die Gesellschaft zur Zeit ihrer Auflösung hatte, bleibt bis zur vollzogenen Verteilung des Vermögens bestehen.

§ 70

Die Liquidatoren haben die laufenden Geschäfte zu beendigen, die Verpflichtungen der aufgelösten Gesellschaft zu erfüllen, die Forderungen derselben einzuziehen und das Vermögen der Gesellschaft in Geld umzusetzen; sie haben die Gesellschaft gerichtlich und außergerichtlich zu vertreten. Zur Beendigung schwebender Geschäfte können die Liquidatoren auch neue Geschäfte eingehen.

§ 71

Die Liquidatoren haben für den Beginn der Liquidation eine Bilanz (Eröffnungsbilanz) und einen die Eröffnungsbilanz erläuternden Bericht sowie für den Schluss eines jeden Jahres einen Jahresabschluss und einen Lagebericht aufzustellen.

Die Gesellschafter beschließen über die Feststellung der Eröffnungsbilanz und des Jahresabschlusses sowie über die Entlastung der Liquidatoren. Auf die Eröffnungsbilanz und den erläuternden Bericht sind die Vorschriften über den Jahresabschluss entsprechend anzuwenden. Vermögensgegenstände des Anlagevermögens sind jedoch wie Umlaufvermögen zu bewerten, soweit ihre Veräußerung innerhalb eines übersehbaren Zeitraums beabsichtigt ist oder diese Vermögensgegenstände nicht mehr dem Geschäftsbetrieb dienen; dies gilt auch für den Jahresabschluss.

Das Gericht kann von der Prüfung des Jahresabschlusses und des Lageberichts durch einen Abschlussprüfer befreien, wenn die Verhältnisse der Gesellschaft so überschaubar sind, dass eine Prüfung im Interesse der Gläubiger und der Gesellschafter nicht geboten erscheint. Gegen die Entscheidung ist die sofortige Beschwerde zulässig.

Im Übrigen haben sie die aus §§ 36, 37, 41 Abs. 1, § 43 Abs. 1, 2 und 4, § 49 Abs. 1 und 2, § 64 sich ergebenden Rechte und Pflichten der Geschäftsführer.

Auf den Geschäftsbriefen ist anzugeben, dass sich die Gesellschaft in Liquidation befindet, im Übrigen gilt § 35a entsprechend.

§ 72

Das Vermögen der Gesellschaft wird unter die Gesellschafter nach Verhältnis ihrer Geschäftsanteile verteilt. Durch den Gesellschaftsvertrag kann ein anderes Verhältnis für die Verteilung bestimmt werden.

§ 73

Die Verteilung darf nicht vor Tilgung oder Sicherstellung der Schulden der Gesellschaft und nicht vor Ablauf eines Jahres seit dem Tage vorgenommen werden, an welchem die Aufforderung an die Gläubiger (§ 65 Abs. 2) in den öffentlichen Blättern zum dritten Male erfolgt ist.

Meldet sich ein bekannter Gläubiger nicht, so ist der geschuldete Betrag, wenn die Berechtigung zur Hinterlegung vorhanden ist, für den Gläubiger zu hinterlegen. Ist die Berichtigung einer Verbindlichkeit zurzeit nicht ausführbar oder ist eine Verbindlichkeit streitig, so darf die Verteilung des Vermögens nur erfolgen, wenn dem Gläubiger Sicherheit geleistet ist.

Liquidatoren, welche diesen Vorschriften zuwiderhandeln, sind zum Ersatz der verteilten Beträge solidarisch verpflichtet. Auf den Ersatzanspruch finden die Bestimmungen in § 43 Abs. 3 und 4 entsprechende Anwendung.

§ 74

Ist die Liquidation beendet und die Schlussrechnung gelegt, so haben die Liquidatoren den Schluss der Liquidation zur Eintragung in das Handelsregister anzumelden. Die Gesellschaft ist zu löschen.

Nach Beendigung der Liquidation sind die Bücher und Schriften der Gesellschaft für die Dauer von zehn Jahren einem der Gesellschafter oder einem Dritten in Verwahrung zu geben. Der Gesellschafter oder der Dritte wird in Ermangelung einer Bestimmung des Gesellschaftsvertrags oder eines Beschlusses der Gesellschafter durch das Gericht (§ 7 Abs. 1) bestimmt.

Die Gesellschafter und deren Rechtsnachfolger sind zur Einsicht der Bücher und Schriften berechtigt. Gläubiger der Gesellschaft können von dem Gericht (§ 7 Abs. 1) zur Einsicht ermächtigt werden.

§ 75

Enthält der Gesellschaftsvertrag keine Bestimmungen über die Höhe des Stammkapitals oder über den Gegenstand des Unternehmens oder sind die Bestimmungen des Gesellschaftsvertrags über den Gegenstand des Unternehmens nichtig, so kann jeder Gesellschafter, jeder Geschäftsführer und, wenn ein Aufsichtsrat bestellt ist, jedes Mitglied des Aufsichtsrats im Wege der Klage beantragen, dass die Gesellschaft für nichtig erklärt werde.

Die Vorschriften der §§ 272, 273 des Handelsgesetzbuchs finden entsprechende Anwendung

§ 76

Ein Mangel, der die Bestimmungen über den Gegenstand des Unternehmens betrifft, kann durch einstimmigen Beschluss der Gesellschafter geheilt werden.

§ 77

Ist die Nichtigkeit einer Gesellschaft in das Handelsregister eingetragen, so finden zum Zwecke der Abwicklung ihrer Verhältnisse die für den Fall der Auflösung geltenden Vorschriften entsprechende Anwendung.

Die Wirksamkeit der im Namen der Gesellschaft mit Dritten vorgenommenen Rechtsgeschäfte wird durch die Nichtigkeit nicht berührt.

Die Gesellschafter haben die versprochenen Einzahlungen zu leisten, soweit es zur Erfüllung der eingegangenen Verbindlichkeiten erforderlich ist.

§ 78

Die in diesem Gesetz vorgesehenen Anmeldungen zum Handelsregister sind durch die Geschäftsführer oder die Liquidatoren, die in § 7 Abs. 1, § 57 Abs. 1, § 57i Abs. 1, § 58 Abs. 1 Nr. 3 vorgesehenen Anmeldungen sind durch sämtliche Geschäftsführer zu bewirken.

§ 79

Geschäftsführer oder Liquidatoren, die §§ 35a, 71 Abs. 5 nicht befolgen, sind hierzu vom Registergericht durch Festsetzung von Zwangsgeld anzuhalten; § 14 des Handelsgesetzbuchs bleibt unberührt. Das einzelne Zwangsgeld darf den Betrag von fünftausend Euro nicht übersteigen.

In Ansehung der in §§ 7, 54, 57 Abs. 1, § 58 Abs. 1 Nr. 3 bezeichneten Anmeldungen zum Handelsregister findet, soweit es sich um die Anmeldung zum Handelsregister des

Sitzes der Gesellschaft handelt, eine Festsetzung von Zwangsgeld nach § 14 des Handelsgesetzbuchs nicht statt.

§ 82

Mit Freiheitsstrafe bis zu drei Jahren oder mit Geldstrafe wird bestraft, wer
1. als Gesellschafter oder als Geschäftsführer zum Zweck der Eintragung der Gesellschaft über die Übernahme der Stammeinlagen, die Leistung der Einlagen, die Verwendung eingezahlter Beträge, über Sondervorteile, Gründungsaufwand, Sacheinlagen und Sicherungen für nicht voll eingezahlte Geldeinlagen,
2. als Gesellschafter im Sachgründungsbericht,
3. als Geschäftsführer zum Zweck der Eintragung einer Erhöhung des Stammkapitals über die Zeichnung oder Einbringung des neuen Kapitals oder über Sacheinlagen,
4. als Geschäftsführer in der in § 57i Abs. 1 Satz 2 vorgeschriebenen Erklärung oder
5. als Geschäftsführer in der nach § 8 Abs. 3 Satz 1 oder § 39 Abs. 3 Satz 1 abzugebenden Versicherung oder als Liquidator in der nach § 67 Abs. 3 Satz 1 abzugebenden Versicherung falsche Angaben machen.

Ebenso wird bestraft, wer
1. als Geschäftsführer zum Zweck der Herabsetzung des Stammkapitals über die Befriedigung oder Sicherstellung der Gläubiger eine unwahre Versicherung abgibt oder
2. als Geschäftsführer, Liquidator, Mitglied eines Aufsichtsrats oder ähnlichen Organs in einer öffentlichen Mitteilung die Vermögenslage der Gesellschaft unwahr darstellt oder verschleiert, wenn die Tat nicht in § 331 Nr. 1 des Handelsgesetzbuchs mit Strafe bedroht ist.

§ 84

Mit Freiheitsstrafe bis zu drei Jahren oder mit Geldstrafe wird bestraft, wer es
1. als Geschäftsführer unterlässt, den Gesellschaftern einen Verlust in Höhe der Hälfte des Stammkapitals anzuzeigen, oder
2. als Geschäftsführer entgegen § 64 Abs. 1 Satz 1, auch in Verbindung mit Satz 3, oder als Liquidator entgegen § 71 Abs. 4 unterlässt, bei Zahlungsunfähigkeit oder Überschuldung die Eröffnung des Insolvenzverfahrens zu beantragen.

Handelt der Täter fahrlässig, so ist die Strafe Freiheitsstrafe bis zu einem Jahr oder Geldstrafe.

§ 85

Mit Freiheitsstrafe bis zu einem Jahr oder mit Geldstrafe wird bestraft, wer ein Geheimnis der Gesellschaft, namentlich ein Betriebs- oder Geschäftsgeheimnis, das ihm in seiner Eigenschaft als Geschäftsführer, Mitglied des Aufsichtsrats oder Liquidator bekannt geworden ist, unbefugt offenbart.

Handelt der Täter gegen Entgelt oder in der Absicht, sich oder einen anderen zu bereichern oder einen anderen zu schädigen, so ist die Strafe Freiheitsstrafe bis zu zwei Jahren oder Geldstrafe. Ebenso wird bestraft, wer ein Geheimnis der in Absatz 1 bezeichneten Art, namentlich ein Betriebs- oder Geschäftsgeheimnis, das ihm unter den Voraussetzungen des Absatzes 1 bekannt geworden ist, unbefugt verwertet.

Die Tat wird nur auf Antrag der Gesellschaft verfolgt. Hat ein Geschäftsführer oder ein Liquidator die Tat begangen, so sind der Aufsichtsrat und, wenn kein Aufsichtsrat vorhanden ist, von den Gesellschaftern bestellte besondere Vertreter antragsberechtigt. Hat ein Mitglied des Aufsichtsrats die Tat begangen, so sind die Geschäftsführer oder die Liquidatoren antragsberechtigt.